Inga von Horn

Pilzrezepte

Hinweis

Alle in diesem Buch enthaltenen Angaben, Daten, Ergebnisse etc. wurden von der Autorin nach bestem Wissen erstellt und von ihr und dem Verlag mit größtmöglicher Sorgfalt überprüft. Eine Verantwortung und Haftung für etwaige inhaltliche Unrichtigkeiten kann jedoch nicht übernommen werden. Der Haftungsausschluss gilt nicht, soweit nach dem Produkthaftungsgesetz für Personen- und Sachschäden gehaftet wird.

Jeder Leser muss beim Umgang mit den genannten Lebewesen, Stoffen, Materialien, Geräten usw. Vorsicht walten lassen, Ratschläge erfahrener Fachleute bzw. Gebrauchsanweisungen und Herstellerhinweise beachten sowie den Zugang für Unbefugte verhindern. Das vorliegende Kochbuch ist kein Ersatz für ein Pilzbestimmungsbuch!

Bei der Auswahl, dem Sammeln und dem Erwerb der Pilze sind selbstverständlich die Artenschutzgesetze zu beachten.

Fotos: Dr. Muth PR: S. 9, 20/21, 36/37, 74/75, 82/83, 98
Frau Antjes Feinschmecker-Studio: S. 57, 64
Ketchum PR: S. 13, 17, 66/67, 70, 71, 87, 95, 102/103, 110/111, 114/115, 118/119, 134/135, 139
Langnese Iglo GmbH: S. 79
G. Fiedler PR: S. 91, 99, 127, 131
Union Deutsche Lebensmittelwerke GmbH: S. 106
The Food Professionals: Titelbild, S. 107, 122, 123, 142/143
Zeichnungen: Claus Dieter Riemer

Lektorat: Dr. Helge Mücke, Hannover

Gesamtherstellung: Landbuch-Verlag GmbH, Hannover

ISBN 3 7842 0556 9

Inga von Horn

PILZ REZEPTE

für jeden Tag

Landbuch Verlag

Inhalt

Vorwort

Pilze, gleich ob in freier Natur gesammelt oder auf dem Markt gekauft, gehören zu den edelsten Naturgaben, die die Herzen aller Feinschmecker höher schlagen lassen. Da die Saison für Wildpilze nur kurz ist, habe ich auch die Rezepte für die delikaten und das ganze Jahr über erhältlichen Kulturpilzen aufgenommen. Diese Rezepte können natürlich auch für die Zubereitung von Wildpilzgerichten zugrunde gelegt werden. Allerdings kann das Würzen dann etwas variieren.

Besonderen Wert habe ich auf die einfache Zubereitung gelegt. Dabei wird immer von verlesenen, geputzten und gewaschenen Pilzen ausgegangen. Verarbeitet werden können alle essbaren Wildpilze, so, wie sie angeboten oder selber gesammelt werden. Ein gutes Pilzbuch hilft bei der Unterscheidung zwischen Speisepilzen, genießbaren und ungenießbaren, ja giftigen Exemplaren. Fachlicher Rat ist aber vor allem von Anfängern notwendigerweise einzuholen, z. B. bei einer der Pilzberatungsstellen.

Allen Pilzfreunden wünsche ich „Guten Appetit" und viele lukullische Genüsse mit den praxiserprobten Rezepten dieses Buches.

Inga von Horn

Hinweis zu den Rezepten des Buches:

Sofern nicht anders angegeben, beziehen sich alle Rezepte auf 4 Personen. Die bei den Zutaten gebrauchten Abkürzungen und Temperaturangaben bedeuten:

EL	= Eßlöffel (gestrichen)	l	= Liter
TL	= Teelöffel (gestrichen)	ml	= Milliliter = 1/1000 l
Msp.	= Messerspitze	cl	= Zentiliter (2 cl = 1 Schnapsglas)
TK	= Tiefkühlpackung	kg	= Kilogramm
FP	= Fertigprodukt	g	= Gramm

Temperaturangaben:

geringe Hitze	= unter	100 °C
mittlere Hitze	= um	175 °C
starke Hitze	= über	175 °C

Suppen und Eintöpfe

Pilzsüppchen Abbildung S. 9

Zutaten:

2 Tüten getrocknete Steinpilze (20 g), 500 g Zwiebeln, je 1 rote, gelbe und grüne Paprikaschote, 2 Knoblauchzehen, 6 EL Sojaöl, 125 ml trockener Weißwein, 500 ml Gemüsebrühe, 4 Scheiben Toastbrot, jodiertes Salz, weißer Pfeffer, 100 g geraspelter Gouda,, 2 EL gehackte Petersilie.

Zubereitung:

Die Pilze in 250 ml Wasser einweichen. Die Zwiebeln in Ringe schneiden. Die Paprikaschoten halbieren, die weißen Häute und Kerne entfernen, dann das Fruchtfleisch in Stücke schneiden. Den Knoblauch fein hacken und die Hälfte davon in 3 EL Sojaöl in einem Topf andünsten. Mit dem Weißwein ablöschen. Dann die Brühe und die Pilze mit dem Einweichwasser hinzufügen, alles etwa 10 Minuten kochen. Das Brot würfeln und zusammen mit dem restlichen Knoblauch in dem restlichen Öl goldbraun braten.

Mit Salz und Pfeffer abschmecken. Brotwürfel und Käse in die Suppe geben und mit der Petersilie bestreut servieren.

Beilage: Toast.

Masurische Pilzsuppe

Zutaten:

1 Zwiebel, 4 EL Butter, 4 EL Mehl, 1 l Fleischbrühe, 500 g Steinpilze, jodiertes Salz, weißer Pfeffer, 2 EL gehackte Petersilie.

Zubereitung:

Die Zwiebel fein reiben, dann in der Butter andünsten. Mit dem Mehl überstäuben, anrösten und dann nach und nach die Fleischbrühe angießen. Die Pilze hinzufügen und bei geringer Hitze in etwa 10 Minuten gar ziehen lassen. Mit Salz und Pfeffer abschmecken. Mit der Petersilie bestreut servieren.

Beilage: frisches Baguette.

Pilzsüppchen (Rezept auf Seite 8).

Kartoffelsuppe mit Steinpilzen

Zutaten:
150 g Räucherspeck, 1 Bund Suppengrün, 1 Zwiebel, 750 g Kartoffeln, 1 l Pilzbrühe, jodiertes Salz, weißer Pfeffer, 250 g Steinpilze, 5 EL Butter, ½ Bund Petersilie.

Zubereitung:

Den Speck in kleine Würfel schneiden, das Suppengrün klein schneiden, die Zwiebel fein hacken.

Den Speck in einer Pfanne halb ausbraten, dann das Suppengrün und die Zwiebel hinzufügen und mitschmoren.

Die Kartoffeln schälen, in dünne Scheiben schneiden, dann ebenfalls dazugeben. Mit der Brühe auffüllen und kochen lassen.

Die Steinpilze in Scheiben schneiden und in der heißen Butter dämpfen. Danach mit der gehackten Petersilie in die Suppe geben.

Beilage: frisches Roggenbrot.

Steinpilzsuppe

Zutaten:
1 Zwiebel, 50 g durchwachsener, geräucherter Speck, 2 EL Butter, 450 g Steinpilze, 1 l Fleischbrühe, jodiertes Salz, weißer Pfeffer, 4 EL trockener Sherry, 2 EL gehackte Petersilie, 2 EL saure Sahne.

Zubereitung:

Die Zwiebel und den Speck in kleine Würfel schneiden. Beides in der heißen Butter anbraten. Die Pilze klein schneiden und mitbraten lassen. Mit der Brühe ablöschen, kurz aufkochen, dann etwa 10 Minuten bei geringer Hitze ziehen lassen.

Mit Salz und Pfeffer abschmecken. Die Suppe mit der Petersilie und der Sahne garniert servieren.

Beilage: Käsestangen.

Champignon-Cremesuppe

Zutaten:
300 g Champignons, 4 EL Butter, 2 TL Mehl, 1 l Champignonbrühe, 120 ml süße Sahne, jodiertes Salz, 1 Msp. geriebene Muskatnuss.

Zubereitung:

Die Champignons in Scheiben schneiden und in einer Pfanne in der Butter halbgar schmoren. Danach mit dem Mehl bestäuben, etwas anrösten und nach und nach mit der Brühe auffüllen.

Etwa 10 Minuten bei geringer Hitze ziehen lassen.

Die Sahne in die Suppe geben und diese mit Salz und Muskat abschmecken.

Beilage: Sesambrötchen.

Ukrainischer Steinpilz-Eintopf

Zutaten:
600 g Steinpilze, 3 EL Sonnenblumenöl, 500 ml Fleischbrühe, 2 Zwiebeln, 2 EL Mehl, 2 Knoblauchzehen, weißer Pfeffer, jodiertes Salz, 2 frische Eigelb.

Zubereitung:

Die Hälfte der Pilze in kleine Stücke schneiden und in dem heißen Öl (einen Teil übrig lassen) mit etwas Brühe andünsten. Die restlichen Pilze und die Zwiebeln fein hacken.

Aus den Zwiebeln, dem restlichen Öl und dem Mehl eine Einbrenne herstellen, dann mit der restlichen Brühe auffüllen und aufkochen. Alle Pilze dazugeben. Mit dem zerdrückten Knoblauch, Pfeffer und Salz würzen und etwa 10 Minuten ziehen lassen. Dann mit den Eigelben legieren.

Beilage: geschlagene Sahne mit Kräutern.

Klare Champignonbrühe Abbildung S. 13

Zutaten:

300 g Champignons, 1 Bund Suppengemüse, 200 g Geflügelfleisch, 2 frische Eigelbe, Eiswürfel, 5 zerdrückte Pfefferkörner, 1 Lorbeerblatt, 4 g getrocknete Steinpilze, 1 Stiel Thymian, 500 ml Gemüsebrühe, 1 Bund Frühlingszwiebeln, 2 EL gehackter Kerbel, 1 Paket Blätterteig (TK), 1 frisches Eigelb.

Zubereitung:

Von den Champignons einige beiseite legen, den Rest trocken abreiben. Das Suppengemüse putzen, dann zusammen mit den Champignons und dem Geflügelfleisch durch die mittlere Scheibe eines Fleischwolfes drehen.

Das Püree mit einigen Eiswürfeln, den Pfefferkörnern, dem Lorbeerblatt, den Steinpilzen und dem Thymian in einen Topf geben. Die kalte Brühe darauf geben, gut verrühren und aufkochen lassen. Etwa 1 Stunde bei geringer Hitze gar ziehen lassen.

Danach die Brühe durch ein Sieb gießen. Die beiseite gelegten Champignons in Scheiben und die Frühlingszwiebeln in feine Ringe schneiden. Den Kerbel zusammen mit den Champignons und den Zwiebeln in 4 Suppentassen verteilen. Die angekühlte Brühe darauf geben.

Die unaufgetauten Blätterteigstücke übereinander legen und ½ cm dick ausrollen. Aus dem Teig runde Deckel ausschneiden, die den Tassenrand etwa 2 cm überlappen sollten.

Das Eigelb mit etwas Wasser verquirlen und den Tassenrand damit bestreichen. Den Teigdeckel darüberlegen und fest andrücken, mit dem restlichen Eigelb bestreichen.

Im vorgeheizten Backofen bei 200 °C etwa 20 Minuten backen.

Beilage: Blätterteigstangen.

Klare Champignonbrühe (Rezept auf Seite 12).

Edle Pilzcremesuppe

(für 8 Personen)

Zutaten:

500 g Champignons, 300 g Steinpilze, 300 g Pfifferlinge, 2 Zwiebeln, 2 EL Butter, 100 ml trockener Weißwein, 1 l Pilzbrühe, 250 g süße Sahne, jodiertes Salz, weißer Pfeffer, Zitronensaft, 2 EL gehackter Kerbel.

Zubereitung:

Die Champignons und die Steinpilze in Scheiben schneiden, die Pfifferlinge halbieren. Die Zwiebeln fein würfeln und in der heißen Butter andünsten.

Zuerst die Steinpilze und Pfifferlinge hinzufügen und etwa 3 Minuten dünsten. Herausnehmen und beiseite stellen. Dann die Champignons darin andünsten.

Mit dem Weißwein und dem Pilzfond ablöschen, einmal aufkochen, danach pürieren. Die Sahne, die Steinpilze und die Pfifferlinge hinzugeben und nochmals kurz aufkochen.

Mit Salz, Pfeffer und etwas Zitronensaft abschmecken. Mit dem gehackten Kerbel bestreut servieren.

Beilage: kerniges Landbrot.

Altdeutsche Champignonsuppe

Zutaten:

400 g Champignons, 2 Scheiben Weißbrot, 8 EL Butter, 2 EL Mehl, 1,5 l Fleischbrühe, 2 EL Zitronensaft, jodiertes Salz, weißer Pfeffer, 4 frische Eigelb.

Zubereitung:

Die Champignons in dünne Scheiben schneiden. Von dem Weißbrot die Rinde abschneiden, dann würfeln und in 1 EL Butter anrösten. 1 EL Butter in einem großen Topf erhitzen, das Mehl dazugeben und gut verrühren. Mit der Fleischbrühe ablöschen, dann aufkochen und vom Herd nehmen.

Die restliche Butter in einer Pfanne zerlassen und die Pilze darin braten. Den Zitronensaft hinzufügen und die Pilze weitere 5 Minuten braten lassen. Dann in die Fleischbrühe geben, mit Salz und Pfeffer würzen.

Die Eigelbe verquirlen und die Suppe damit legieren. Die gerösteten Brotwürfel über die Suppe streuen.

Beilage: Laugengebäck.

Kartoffel-Pfifferling-Cremesuppe

Abbildung S. 16/17

Zutaten:

250 g Pfifferlinge, 1 große Zwiebel, 250 g Kartoffeln, 1 EL Butter, 500 ml Brühe, 125 g Tofu, 4 EL Sojasauce, schwarzer Pfeffer, 2 EL trockener Sherry, 2 EL Basilikum.

Zubereitung:

Die Pfifferlinge klein schneiden. Die Zwiebel und die Kartoffeln klein würfeln. Die Butter in einem Topf erhitzen und die Pilze darin kurz braten, dann herausnehmen und warm stellen. Danach die Zwiebel und die Kartoffeln darin anschwitzen, mit der Brühe ablöschen und zugedeckt etwa 15 Minuten bei geringer Hitze köcheln lassen.

Den Tofu etwa 5 Minuten in kaltem Wasser ziehen lassen, dann würfeln und in die Suppe geben. Die Suppe pürieren, nochmals aufkochen lassen und mit der Sojasauce, Pfeffer und dem Sherry abschmecken. Die Pilze hineingeben und darin erwärmen.

Die Suppe mit dem Basilikum bestreut servieren.

Beilagen: Schwarzbrot und Butter.

Kartoffel-Pfifferling-Cremesuppe (Rezept auf Seite 15).

Austernpilzsuppe

Zutaten:

1 Zwiebel, 2 EL Olivenöl, 500 g Austernpilze, 5 große Kartoffeln, 125 ml Fleischbrühe, jodiertes Salz, je ½ Bund Dill, Petersilie, Schnittlauch, Liebstöckel, 125 g süße Sahne.

Zutaten:

Die Zwiebel fein hacken und in dem heißen Öl in einem Topf glasig dünsten. Die Pilze hinzufügen und etwa 10 Minuten unter Rühren dünsten.

Die Kartoffeln schälen und in kleine Würfelchen schneiden. Dann mit den Pilzen in der Brühe kochen, bis die Kartoffeln zerfallen. Vom Herd nehmen und salzen. Danach einige Minuten ziehen lassen.

Die Kräuter fein hacken, mit der Sahne unter die Suppe ziehen.

Beilage: Baguette.

Austernpilz-Rindfleischtopf

Zutaten:

150 g durchwachsener Speck, 600 g mageres Rindfleisch, 1 Zwiebel, 250 ml Fleischbrühe, jodiertes Salz, weißer Pfeffer, 250 g Austernpilze, 2 Tomaten, 2 Paprikaschoten, 125 ml trockener Weißwein, 1 EL Weizenmehl, 80 g Crème fraîche.

Zubereitung:

Den Speck in breite Streifen schneiden und in einer Pfanne auslassen. Dann herausnehmen und beiseite stellen.

Das Rindfleisch in kleine Würfel schneiden, in das Speckfett geben und rundum kräftig anbraten. Die Zwiebel fein würfeln und hinzufügen, mitbräunen lassen. Danach die Brühe dazugießen, mit Salz und Pfeffer würzen und alles etwa 1 Stunde schmoren lassen.

Die Pilze in schmale Streifen schneiden. Die Tomaten mit kochendem Wasser überbrühen, häuten und in kleine Würfel schneiden. Die Paprikaschoten in Streifen schneiden.

Alles zum Fleisch geben. Den Weißwein angießen und etwa 20 Minuten mitschmoren lassen.

Das Mehl mit der Crème fraîche verrühren und die Schmorflüssigkeit damit binden. Die Speckstreifen daruntermischen und mit erhitzen. Nochmals mit Salz und Pfeffer abschmecken.

Beilage: kerniges Landbrot.

Cremige Erbsensuppe mit Austernpilzen Abbildung S. 20/21

Zutaten:

1 Zwiebel, 4 EL Sojaöl, 1 l Fleischbrühe, 450 g Erbsen (TK), 250 g Austernpilze, jodiertes Salz, weißer Pfeffer, 125 g Crème double, 1 Msp. geriebene Muskatnuss.

Zubereitung:

Die Zwiebel würfeln und in 1 EL Sojaöl in einem Topf glasig dünsten. Mit der Brühe ablöschen, dann die Erbsen hinzufügen. Etwa 15 Minuten bei geringer Hitze köcheln lassen.

Die Austernpilze in dem restlichen Öl goldbraun braten. Danach mit Salz und Pfeffer würzen. Einige Erbsen aus der Brühe nehmen und beiseite stellen. Die restlichen in der Brühe pürieren.

Dann die Hälfte der Crème double einrühren und mit Salz, Pfeffer und Muskatnuss abschmecken.

Vor dem Servieren die restliche Crème double in die Suppe geben und mit etwas Muskatnuss und den Erbsen bestreut servieren.

Beilage: Vollkornbrot.

Sojaöl

Cremige Erbsensuppe mit Austernpilzen (Rezept auf Seite 19).

Pilzsuppe mit Sahne

Zutaten:

500 g Mischpilze, 4 EL Butter, 1 kleine Zwiebel, 4 EL Mehl, 1 l Fleischbrühe, jodiertes Salz, 1 Msp. geriebene Muskatnuss, 1 Msp. Rosenpaprikapulver, 250 g süße Sahne, 2 frische Eigelb, 2 EL gemischte Kräuter (TK).

Zubereitung:

Die Pilze in Scheiben schneiden. Die Zwiebel klein schneiden und in der heißen Butter andünsten.

Dann die Pilze hinzufügen und etwa 5 Minuten dünsten.

Danach mit dem Mehl bestäuben, anrösten, dann die Fleischbrühe dazugießen. Etwa 10 Minuten bei geringer Hitze ziehen lassen. Mit Salz, Muskat und Paprika abschmecken.

Mit den Kräutern bestreut servieren.

Beilage: Weizenbrötchen.

Pilzsuppe mit Butterpilzklößchen

Zutaten:

250 g Butterpilze, 500 ml Fleischbrühe, jodiertes Salz, 1 Msp. geriebene Muskatnuss, 125 g Thüringer Mett, 1 frisches Ei, 2 EL gehackte Petersilie.

Zubereitung:

Die Pilze in 500 ml Wasser etwa 5 Minuten kochen, danach auf einem Sieb abtropfen lassen. Die Pilzbrühe mit der kochenden Fleischbrühe vermengen und diese mit etwas Salz und Muskat würzen.

Die Hälfte der Pilze fein hacken und mit dem Mett und dem Ei vermischen, mit Salz und Muskat abschmecken. Von der Masse mit einem Teelöffel kleine Klößchen abstechen und diese in etwa 2 Minuten in der kochenden Brühe garen.

Die restlichen Pilze in der Suppe erwärmen. Mit der Petersilie bestreut servieren.

Beilage: Kastenweißbrot.

Pilzpichelsteiner

Zutaten:

750 g gemischte Wildpilze, 5 EL Butter, 200 ml Fleischbrühe, 500 g gemischtes Suppengemüse (TK), 500 g Kartoffeln, 1 Zwiebel, jodiertes Salz, 4 EL gehackte Petersilie.

Zubereitung:

Die Zwiebel fein hacken und in der heißen Butter andünsten. Das Gemüse und die Brühe hinzufügen und halbweich dünsten. Mit etwas Salz würzen.

Die Kartoffeln schälen und in kleine Würfel schneiden, die Pilze grob hacken. Beides zu dem Gemüse geben und weich dünsten. Die Petersilie daruntermischen, dann heiß servieren.

Beilage: Vollkorntoast.

Cremige Pfifferlingsuppe

Zutaten:

375 g Pfifferlinge, 1 Zwiebel, 3 Wacholderbeeren, 4 EL Butter, 2 EL Mehl, 750 ml klare Brühe, jodiertes Salz, weißer Pfeffer, 2 frische Eigelb, 100 g süße Sahne, 2 EL gehackte Petersilie.

Zubereitung:

Die Pfifferlinge in kleine Würfel schneiden, einige zum Garnieren beiseite legen. Die Zwiebel würfeln, die Wacholderbeeren fein hacken.

Die Zwiebelwürfel, die Wacholderbeeren und die Pfifferlinge in der Butter andünsten. Das Mehl darüberstreuen, anrösten und dann portionsweise mit der Brühe ablöschen.

Die Suppe mit Salz und Pfeffer abschmecken und vom Herd nehmen.

Die Eigelbe mit der Sahne verquirlen und unter die Suppe rühren. Mit der Petersilie bestreut servieren.

Beilage: Roggenbrötchen.

Porreecremesuppe mit gerösteten Shiitake

Zutaten:

500 g Porree, 1 kleine Zwiebel, jodiertes Salz, Zucker, 1 Msp. geriebene Muskatnuss, 5 EL Butter, 3 EL Mehl, 375 ml heiße Fleischbrühe, 125 g süße Sahne, 1 frisches Eigelb, weißer Pfeffer, 100 g Shiitake-Pilze.

Zubereitung:

Den Porree in Ringe und die Zwiebel in feine Streifen schneiden. 500 ml Wasser mit etwas Salz und 1 Msp. Zucker und Muskat aufkochen. Den Porree und die Zwiebeln hineingeben und etwa 30 Minuten kochen. Dann das Ganze durch ein Sieb passieren und die Brühe warm stellen.

3 EL Butter in einem Topf erhitzen, das Mehl hineinrühren, mit der Fleischbrühe und der Porreebrühe ablöschen und etwa 5 Minuten kochen. Dann den Topf vom Herd nehmen.

Die Sahne mit dem Eigelb verquirlen und in die Suppe rühren. Mit Salz und Pfeffer abschmecken.

Die Shiitake in feine Streifen schneiden und in der restlichen Butter anrösten.

Die Pilzsuppe in 4 Suppentassen verteilen, die Pilze in die Mitte geben.

Beilage: Kaisersemmel.

Pilzsuppe mit Eierstich von Schopftintlingen

Zutaten:

100 g Schopftintlinge, 500 ml Fleischbrühe, jodiertes Salz, 1 Msp. geriebene Muskatnuss, 4 frische Eier, 4 EL Milch, 1 TL Butter, 2 EL gehackte Petersilie.

Zubereitung:

Die Schopftintlinge in 500 ml Wasser etwa 5 Minuten kochen, danach auf einem Sieb abtropfen lassen, die Brühe dabei auffangen. Die Pilzbrühe mit der kochenden Fleischbrühe vermischen und mit Salz und Muskat abschmecken.

Die gekochten Pilze durch ein Sieb streichen, dann mit den Eiern und der Milch verquirlen, nochmals abschmecken.

Die Masse in eine mit der Butter ausgefettete Form geben. Diese zugedeckt im heißen Wasserbad etwa 15 Minuten erstarren lassen. Danach den Eierstich klein geschnitten in der Suppe erwärmen. Mit der Petersilie bestreut servieren.

Beilage: Landbrot.

Kleine Gerichte mit Wildpilzen

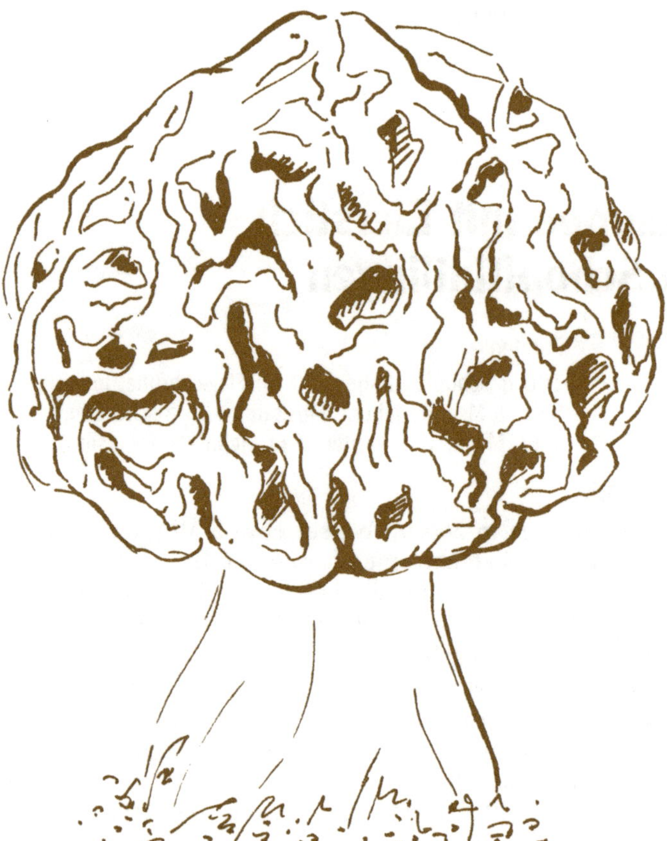

Pfifferlings-Toast

Zutaten:

150 g Pfifferlinge, 75 g Zwiebeln, 1 EL Olivenöl, ½ Bund Petersilie, 50 g geräucherter Speck, jodiertes Salz, schwarzer Pfeffer, 4 Scheiben Toastbrot, 4 TL Butter.

Zubereitung:

Die Pfifferlinge klein schneiden, die Zwiebeln fein hacken. Beides in dem heißen Öl in einer Pfanne etwa 10 Minuten braten, dann abkühlen lassen.

Die Petersilie fein hacken, den Speck in kleine Würfel schneiden, beides zu den Pfifferlingen geben und mit Salz und Pfeffer würzen.

Die Rinde der Toastscheiben abschneiden. Die Scheiben mit der Butter bestreichen, danach im vorgeheizten Backofen leicht anrösten. Herausnehmen und die Pfifferlings-Mischung darauf geben.

Beilage: Salat nach Wahl.

Morchel-Toast

Zutaten:

4 Scheiben Toastbrot, 3 EL Butter, 8 Scheiben gekochter Schinken, 200 g gegarte Morcheln, 4 Scheiben Emmentaler, Butterflöckchen.

Zubereitung:

Die Toastscheiben leicht anrösten, dann mit 2 EL Butter bestreichen und die Schinkenscheiben darauf legen.

Die Pilze in Scheiben schneiden und auf dem Schinken verteilen. Mit den Käsescheiben bedeckt und mit Butterflöckchen belegt im vorgeheizten Backofen überbacken.

Beilage: feiner Salat der Saison.

Rotkappen-Toast

Zutaten:

125 g Rotkappen, 7 EL Butter, 2 TL Zitronensaft, jodiertes Salz, 1 TL Mehl, 3 EL süße Sahne, 4 Scheiben Toastbrot, 2 TL gemischte Kräuter (TK).

Zubereitung:

Die Rotkappen in 6 EL der Butter mit dem Zitronensaft etwa 10 bis 12 Minuten schmoren. Mit Salz würzen, dann abkühlen lassen.

Danach klein schneiden und nochmals erhitzen. Dann mit dem Mehl bestäuben und der Sahne beträufeln.

Die Toastscheiben leicht anrösten und die Pilzmasse darauf schichten. Mit Butterflöckchen belegt im vorgeheizten Backofen einige Minuten überkrusten.

Die Kräuter fein gehackt über die Toasts streuen.

Beilage: Salat nach Wahl.

Überbackene Apfel-Wildpilze

Zutaten:

500 g Parasolpilze, 2 EL Olivenöl, 1 Zwiebel, 5 EL Butter, 100 ml Fleischbrühe, 100 ml Apfelsaft, ¼ TL Paprikapulver, 1 EL Semmelbrösel, Butterflöckchen.

Zubereitung:

Die Pilze in Scheiben schneiden, dann in dem heißen Öl bei starker Hitze braten. Auf einem Sieb abtropfen lassen und in eine Auflaufform füllen.

Die Zwiebel hacken und in 1 EL Butter glasig dünsten. Den Fleischfond mit dem Apfelsaft zu den Zwiebeln geben. Mit Salz und Paprika abschmecken. Die Sauce über die Pilze gießen.

Mit den Semmelbröseln bestreut und einigen Butterflöckchen belegt im vorgeheizten Backofen bei starker Hitze überkrusten.

Beilagen: Mehrkornbrot und Butter.

Birkenpilz-Tomaten

Zutaten:

8 große Tomaten, 2 hart gekochte Eier, 500 g gegarte Birkenpilze, 2 TL Olivenöl, 2 TL Weißweinessig, jodiertes Salz, schwarzer Pfeffer, 4 Salatblätter.

Zubereitung:

Die Tomaten halbieren, mit einem Teelöffel aushöhlen, salzen und austropfen lassen.

Die Eier in Scheiben schneiden und mit den klein geschnittenen Pilzen vermischen. Mit dem Öl, Essig, Salz und Pfeffer abschmecken.

Die Masse in die Tomatenhälften füllen und auf den Salatblättern anrichten.

Beilage: frisches Landbrot.

Pfifferlingomelett

Zutaten:

30 g durchwachsener Speck, 1 Zwiebel,
125 g Pfifferlinge, 500 ml Milch, 3 EL Mehl,
4 frische Eier, jodiertes Salz, weißer Pfeffer,
2 EL Schnittlauchröllchen.

Zubereitung:

Den Speck in sehr kleine Würfel schneiden, danach in einer Pfanne auslassen. Die Zwiebel hacken und mit dem Speck glasig dünsten. Die Pfifferlinge grob hacken und hinzufügen, gut durchdünsten, dann abkühlen lassen und in eine Auflaufform füllen.

Die Milch mit dem Mehl und den Eiern verquirlen.

Mit Salz und Pfeffer würzen. Den Schnittlauch unter die Eimasse mischen. Diese über die Pfifferlinge gießen und im vorgeheizten Backofen bei mittlerer Hitze in etwa 10 Minuten stocken lassen.

Beilage: Mehrkornbrötchen.

Rührei mit Pfifferlingen

Zutaten:

250 g Pfifferlinge, 125 g Räucherspeck, 1 kleine Zwiebel, jodiertes Salz, schwarzer Pfeffer, 8 frische Eier, 2 EL gehackte Petersilie.

Zubereitung:

Die Pilze mit heißem Wasser überbrühen, danach etwa 20 Minuten vorkochen, danach abtropfen lassen.

Den Speck in kleine Würfel schneiden und in einer Pfanne halb ausbraten, die gehackten Zwiebeln dazugeben und bräunen. Danach die Pilze hinzufügen, mit Salz und Pfeffer würzen.

Die Eier mit etwas Salz und Pfeffer verquirlen. Die Petersilie daruntermischen.

Die Eimasse in die Pfanne geben und stocken lassen. Auf einer Platte angerichtet servieren.

Beilage: kerniges Landbrot.

Omelett mit Feldschwindlingen

Zutaten:

12 frische Eier, jodiertes Salz, je 1 TL Petersilie und Schnittlauch, 4 TL Butter, 250 g gegarte Feldschwindlinge, 1 EL gehackte Liebstöckelblätter.

Zubereitung:

Die Eier mit etwas Salz verquirlen. Die Petersilie und den Schnittlauch fein hacken und unter die Eimasse rühren.

Die Butter in einer Pfanne erhitzen und darin aus der Eimasse 4 Omeletts ausbacken.

Die Pilze in einem Topf erhitzen, die Omeletts damit belegen und dann zusammenklappen. Mit den Liebstöckelblättern bestreut heiß servieren.

Beilage: Bauernbrot.

Medaillons mit Pilzen auf Kartoffelpuffern

Zutaten:

8 Kartoffelpuffer (TK), 6 EL Butter, 8 Schweinemedaillons (je 180 g), jodiertes Salz, schwarzer Pfeffer, 500 g Pilze, 1 Stange Porree, 150 ml konzentrierter Bratenfond (FP), 4 EL Crème fraîche.

Zubereitung:

Die Kartoffelpuffer nach Packungsvorschrift in der Butter braten, danach warm stellen.

Die Medaillons in der restlichen Butter je Seite etwa 5 Minuten braten, aus der Pfanne nehmen, mit Salz und Pfeffer würzen und ebenfalls warm stellen.

Die Pilze klein schneiden, den Porree in Ringe schneiden. Beides in dem Bratenfett andünsten.

Den Fond und die Crème fraîche einrühren und etwas einkochen lassen. Mit Salz und Pfeffer abschmecken. Je ein Medaillon auf ein Puffer setzen. Das Pilzgemüse dazu reichen.

Beilage: frittierte Birnen.

Cocktail „Hamburger Art“

Zutaten:

2 Chicorée-Stauden, 200 g gegarte Edelritterlinge, 4 EL geschlagene Sahne, 2 TL Zitronensaft, jodiertes Salz, 1 TL Worcestersauce, 4 Zitronenscheiben.

Zubereitung:

Den Chicorée feinblättrig schneiden, dann mit den Pilzen und der Sahne in einer Schüssel vermischen. Mit dem Zitronensaft, Salz und einigen Tropfen Worcestersauce pikant abschmecken.

Den Cocktail in 4 Cocktailgläser füllen und mit den Zitronenscheiben garnieren.

Beilagen: Toastbrot und Butter.

Hauptgerichte mit Wildpilzen

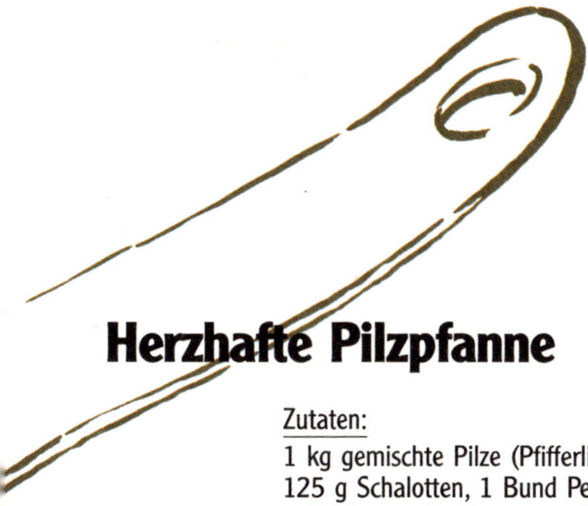

Herzhafte Pilzpfanne

Zutaten:
1 kg gemischte Pilze (Pfifferlinge, Steinpilze, Maronen), 125 g Schalotten, 1 Bund Petersilie, 6 Zweige Majoran, 6 EL Butterschmalz, 150 g Schinkenwürfel, jodiertes Salz, schwarzer Pfeffer, 2 Knoblauchzehen, 4 EL Calvados, 125 g Crème double, 150 g Crème fraîche.

Zubereitung:

Die Stiele der Pilze herausdrehen und hacken, große Pilzhüte halbieren. Ein Viertel der Schalotten vierteln, den Rest fein hacken.

Die Petersilie und die Majoranblättchen ebenfalls fein hacken. 2 EL Butterschmalz in einer Pfanne erhitzen und darin die Schalottenviertel etwa 10 Minuten dünsten, dann herausnehmen.

Danach die Pilze und die gehackten Schalotten in dem restlichen Butterschmalz anbraten. Wenn die Flüssigkeit fast verdampft ist, die Schinkenwürfel hinzufügen. Weiterbraten, bis die Flüssigkeit vollständig verdampft ist. Mit Salz und Pfeffer würzen. Den Knoblauch hineinpressen und die Kräuter daruntermischen, dann herausnehmen.

Den Calvados in die Pfanne geben und fast verdampfen lassen. Die Crème double und Crème fraîche hineinrühren und aufkochen lassen. Die Pilze und die Schalottenhälften daruntermischen. Mit Salz und Pfeffer abschmecken.

Beilage: Petersilienkartoffeln.

Pilzpfanne nach Art des Hauses

Zutaten:

10 g getrocknete Steinpilze, 100 ml trockener Weißwein, 500 g Champignons, 250 g Austernpilze, 2 Bund Frühlingszwiebeln, 1 Knoblauchzehe, 5 EL Butterschmalz, 150 g Crème fraîche, jodiertes Salz, schwarzer Pfeffer, Majoran.

Zubereitung:

Die Steinpilze in dem Wein etwa 20 Minuten einweichen. Die Champignons und Austernpilze je nach Größe halbieren oder vierteln. Die Frühlingszwiebeln in Stücke schneiden, die Knoblauchzehe fein hacken.

Das Butterschmalz in einer Pfanne erhitzen und die Champignons und Austernpilze darin portionsweise anbraten. Die Zwiebeln und den Knoblauch hinzufügen und kurz mitbraten.

Die Steinpilze mit der Einweichflüssigkeit, der Crème fraîche, etwas Salz, Pfeffer und Majoran dazugeben und etwa 5 Minuten schmoren lassen.

Beilage: Rösti.

Pilz-Eier-Pfanne

Zutaten:

200 g durchwachsener Speck, 400 g gemischte Wildpilze, 2 EL gehackte Petersilie, jodiertes Salz, schwarzer Pfeffer, 6 frische Eier, 2 EL süße Sahne.

Zubereitung:

Den Speck in kleine Würfel schneiden und in einer Pfanne bräunen. Die Petersilie und die Pilze hinzufügen und etwa 10 Minuten garen.

Mit Salz und Pfeffer würzen. Die Eier mit der Sahne verquirlen, über die Pilze gießen und stocken lassen.

Beilagen: Bratkartoffeln und Salat.

Paprika-Pilz-Pfanne

Zutaten:
1 rote Paprikaschote, 1 Bund Frühlingszwiebeln, 4 EL Olivenöl, 1 EL Butter, 400 g gemischte Wildpilze, 1 TL Zitronensaft, jodiertes Salz, 1 Msp. getrockneter Thymian.

Zubereitung:

Die Paprikaschote in mundgerechte Stücke schneiden. Von den Frühlingszwiebeln die weißen Teile würfeln und die grünen in Ringe schneiden.

Das Öl und die Butter in einer Pfanne erhitzen und die Pilze darin anbraten. Danach die Zwiebelwürfel und die Paprikastücke dazugeben und mitbraten. Mit Salz, Pfeffer, dem Zitronensaft und Thymian abschmecken. Die Zwiebelringe darüberstreuen.

Beilage: frisches Bauernbrot.

Pfifferlinge auf ungarische Art

Zutaten:
600 g Pfifferlinge, 2 Zwiebeln, 8 EL Butterschmalz, 1 TL Paprikapulver, jodiertes Salz, schwarzer Pfeffer, 250 g saure Sahne, 1 TL Mehl.

Zubereitung:

Die Pfifferlinge in grobe Stücke schneiden. Die Zwiebeln fein hacken, dann in dem Butterschmalz goldgelb rösten, mit Paprika würzen.

Die Pfifferlinge dazugeben, mit Salz und Pfeffer abschmecken und zugedeckt etwa 25 Minuten bei mittlerer Hitze dünsten.

Die Sahne mit dem Mehl verrühren, unter die Pilze mischen und weitere 5 Minuten köcheln lassen.

Beilage: Kartoffelpüree.

Gebackene Sommerpilze (Rezept auf Seite 38).

Gebackene Sommerpilze Abbildung S. 36/37

Zutaten:

300 g Pfifferlinge, 50 g schwäbischen Raclette, je 1 Bund Petersilie, Schnittlauch und Thymian, 1/2 Stange Porree, 1 EL Butter, 4 frische Eier, 50 ml Milch, 1 Knoblauchzehe, jodiertes Salz, schwarzer Pfeffer.

Zubereitung:

Die Pilze in Scheiben schneiden. Die Kräuter fein hacken, den Porree in feine Ringe schneiden. Den Raclette würfeln.

Eine große Pfanne mit der Butter einfetten.

Die Pfifferlinge, den Porree, die Kräuter und die Käsewürfel hineingeben und vermischen. Die Eier mit der Milch verquirlen. Die Knoblauchzehe in die Eiermilch auspressen. Mit Salz und Pfeffer herzhaft würzen. Die Milchmasse über das Gemüse gießen. Im vorgeheizten Backofen bei 150 °C goldgelb überbacken.

Beilage: Kopfsalat.

Rahmpfifferlinge

Zutaten:

50 g Speck, 500 g Pfifferlinge, 120 g saure Sahne, 1 TL Speisestärke, jodiertes Salz, schwarzer Pfeffer, 1 Msp. geriebene Muskatnuss, 2 EL gehackte Petersilie.

Zubereitung:

Den Speck in kleine Würfel schneiden und in einer Pfanne auslassen. Die Pfifferlinge hinzufügen und zugedeckt bei mittlerer Hitze garen.

Die Speisestärke mit der Sahne verquirlen und unter die Pilze rühren, kurz aufkochen.

Mit Salz, Pfeffer und Muskat würzen. Die Petersilie darüberstreuen.

Beilage: Salzkartoffeln.

Bauernfrühstück mit Pfifferlingen

Zutaten:
700 g große Kartoffeln, 80 g Frühstücksspeck, 2 EL Olivenöl, 250 g Pfifferlinge, 250 g Porree, 8 frische Eier, jodiertes Salz, weißer Pfeffer, 1 Bund Petersilie.

Zubereitung:

Die Kartoffeln schälen und grob würfeln. Den Frühstücksspeck fein würfeln, dann in dem heißen Öl ausbraten, danach herausnehmen. Die Kartoffeln in die Pfanne geben und unter Wenden etwa 10 Minuten braten.

Die Pfifferlinge halbieren, den Porree in Ringe schneiden. Beides zu den Kartoffeln geben und weitere 8 Minuten braten.

Die Eier verquirlen, mit Salz und Pfeffer würzen, dann in die Pfanne über die Kartoffeln gießen und bei geringer Hitze stocken lassen.

Die Petersilie fein hacken und zusammen mit dem Speck über das Bauernfrühstück streuen.

Beilage: Salat nach Wahl.

Pfifferlinge mit Speck

Zutaten:
500 g Pfifferlinge, 100 g durchwachsener Speck, 400 ml Fleischbrühe, jodiertes Salz, schwarzer Pfeffer.

Zubereitung:

Die Pfifferlinge in mundgerechte Stücke schneiden, den Speck in feine Würfel schneiden, dann in einer Pfanne bei geringer Hitze glasig dünsten.

Die Fleischbrühe in einem Topf auf die Hälfte einköcheln lassen.

Die Pfifferlinge zu den Speckwürfeln geben und andünsten, den reduzierten Fond angießen und alles etwa 4 Minuten köcheln. Mit Salz und Pfeffer würzen.

Beilage: grüne Bandnudeln.

Pfifferlinge in Sahnesauce

Zutaten:
500 g Pfifferlinge, 100 g Speck, 2 Zwiebeln,
5 EL Butter, jodiertes Salz, weißer Pfeffer,
1 EL Mehl, 150 g süße Sahne, 1/2 Bund Petersilie.

Zubereitung:

Die Pilze in kleine Stückchen schneiden. Den Speck und die Zwiebeln würfeln. 4 EL Butter in einer Pfanne erhitzen und den Speck darin anbraten.

Die Zwiebeln und die Pilze hinzufügen und kurz mitbraten. Mit Salz und Pfeffer würzen.

125 ml heißes Wasser dazugeben und zugedeckt weitere 10 Minuten dünsten.

Das Mehl mit der restlichen Butter verkneten, dann unter die Pilzmasse rühren. Die Sahne dazugießen und 5 Minuten bei geringer Hitze garen.

Die Petersilie fein hacken und darüberstreuen.

Beilage: Knödel.

Kalbs-Pfifferlings-Ragout

Zutaten:
400 g mageres Kalbfleisch, 250 g Pfifferlinge,
2 Schalotten, 2 EL Butterschmalz, jodiertes Salz,
weißer Pfeffer, 4 EL Weißwein, 250 ml Brühe,
100 g saure Sahne, 3 EL heller Saucenbinder,
1 Kästchen Kresse.

Zubereitung:

Das Fleisch in feine Streifen schneiden. Große Pfifferlinge zerteilen, die Schalotten fein würfeln.

Das Fleisch in dem heißen Butterschmalz bei starker Hitze braten, salzen und pfeffern, dann aus der Pfanne nehmen.

Die Pfifferlinge und die Schalotten in dem Bratfett etwa 5 Minuten dünsten. Mit dem Wein ablöschen.

Die Brühe und die Sahne hinzufügen und aufkochen. Dann das Fleisch dazugeben und die Sauce mit dem Saucenbinder binden. Mit Salz und Pfeffer abschmecken. Die Kresse abzupfen und darüberstreuen.

Beilagen: Rösti und Salat der Saison.

Pfifferlinge im Grünkernring

Zutaten:

1 l Gemüsebrühe, 300 g Grünkerngrütze, 7 Zwiebeln, 4 EL Sojamehl, 4 EL Hefeflocken, 4 EL Tomatenmark, jodiertes Salz, 1 EL Margarine für die Form, 8 Scheiben Räucherspeck, 600 g Pfifferlinge, weißer Pfeffer, 2 EL gehackte Petersilie.

Zubereitung:

Die Brühe zum Kochen bringen, die Grünkerngrütze hineingeben. Eine Zwiebel fein hacken, dazugeben und etwa 10 Minuten bei milder Hitze quellen lassen, dann abkühlen lassen. Danach das Sojamehl, die Hefeflocken, das Tomatenmark und etwas Salz daruntermischen.

Eine Ringform mit der Margarine ausfetten und die Masse hineingeben. Im vorgeheizten Backofen bei 180 °C im Wasserbad etwa 20 Minuten garen.

Die restlichen Zwiebeln und den Speck in feine Würfel schneiden, in einer Pfanne glasig dünsten. Die Pfifferlinge dazugeben und etwa 10 Minuten darin mitdünsten. Mit Salz und Pfeffer würzen.

Den Grünkernring vorsichtig auf eine Platte stürzen und das Pilzgemüse hineinfüllen. Mit der Petersilie bestreut servieren.

Überkrustete Pfifferlingskartoffeln

Zutaten:

500 g festkochende Kartoffeln, 100 ml Milch, 4 frische Eier, jodiertes Salz, weißer Pfeffer, 1 Msp. geriebene Muskatnuss, 100 g geriebener Käse, 6 EL Butter, 300 g gegarte Pfifferlinge.

Zubereitung:

Die Kartoffeln in der Schale etwa 25 Minuten kochen, danach abkühlen lassen, pellen und in Scheiben schneiden.

Die Milch mit den Eiern, etwas Salz, Pfeffer und Muskat verquirlen. Die Hälfte des Käses daruntermischen, dann ruhen lassen.

Eine Auflaufform mit etwas Butter ausstreichen, die Kartoffelscheiben hineinlegen und mit der Milchmischung begießen. Die Pfifferlinge und den restlichen Käse darüberstreuen. Die restliche Butter in Flöckchen darauf verteilen. Im vorgeheizten Backofen bei mittlerer Hitze etwa 10 Minuten überbacken.

Beilage: zartes Gemüse der Saison.

Gedünstete Steinpilze

Zutaten:

600 g Steinpilze, 2 EL Butter, 1 Zwiebel, jodiertes Salz, weißer Pfeffer, 1 Msp. geriebene Muskatnuss, 2 EL gehackte Petersilie.

Zubereitung:

Die Pilze in feine Scheiben schneiden. Die Zwiebel fein hacken und in der heißen Butter glasig dünsten. Die Pilze hinzufügen.

Mit Salz, Pfeffer und Muskat abschmecken. Bei geringer Hitze etwa 15 Minuten dünsten lassen.

Die Petersilie darüberstreuen.

Beilagen: gebackene Kartoffeln mit Sauercreme.

Gebackene Steinpilze

Zutaten:

600 g Steinpilze, 2 frische Eier, 150 g Mehl, jodiertes Salz, 1 TL Olivenöl, 250 ml trockener Weißwein, Frittierfett zum Backen.

Zubereitung:

Die Pilze in dünne Scheiben schneiden. Die Eier trennen.

Die Eigelbe mit dem Mehl, etwas Salz, dem Öl und dem Weißwein zu einem zähen Teig verrühren. Das Eiweiß zu steifem Schnee schlagen, dann unter den Teig ziehen.

Die Pilzscheiben leicht salzen, in den Teig tauchen und in reichlich heißem Fett schwimmend goldbraun ausbacken.

Beilage: frischer Salat.

Königliche Steinpilze

Zutaten:

350 g Steinpilze, 100 g Butter, jodiertes Salz, weißer Pfeffer, 1 Zwiebel, 8 feste Tomaten, 1 kleine Dose Trüffel, 1 TL geriebener Käse.

Zubereitung:

Die Steinpilze in feine Scheiben schneiden, danach in 5 EL Butter etwa 6 Minuten dünsten. Danach salzen und pfeffern.

Die Zwiebel fein hacken, hinzufügen und weiter dünsten.

Die Tomaten halbieren, mit einem Teelöffel aushöhlen und abtropfen lassen. Die fertigen Pilze in die Tomaten füllen.

Mit den ganz fein gehackten Trüffeln und dem Käse bedecken. Die restliche Butter in Flöckchen darauf verteilen, dann im vorgeheizten Backofen bei mittlerer Hitze überbacken, bis der Käse geschmolzen ist.

Beilage: Bratkartoffeln.

Steinpilze in Bierteig

Zutaten:

100 g Mehl, 100 ml helles Bier, 1 EL Olivenöl, jodiertes Salz, 2 frische Eiweiß, 300 g Steinpilze, Frittierfett zum Ausbacken.

Zubereitung:

Das Mehl in eine Schüssel geben. Das Bier, 100 ml lauwarmes Wasser und das Öl zu dem Mehl geben, salzen, dann alles gut verkneten. Den Teig etwa 15 Minuten ruhen lassen.

Die Eiweiße zu steifem Schnee schlagen, dann unter den Teig ziehen.

Die Pilze in mundgerechte Stücke schneiden, salzen, dann durch den Teig ziehen und in dem sehr heißen Fett ausbacken.

Beilagen: Kräuterquark und Pellkartöffelchen.

Mit Steinpilzen gefüllte Paprika

Zutaten:

8 grüne Paprikaschoten, 1 Zwiebel, jodiertes Salz,
350 g gemischtes Hackfleisch, 1 frisches Ei,
250 g gegarte Steinpilze, 1 TL gehackte Kräuter,
je 1 TL getrockneter Salbei, Rosmarin, Liebstöckel,
Paprikapulver, 50 g Margarine.

Zubereitung:

Von den Paprikaschoten den unteren Teil abschneiden, die Innenwände herausschneiden und entkernen. Die Zwiebel fein hacken. Das Hackfleisch mit dem Ei, den fein gehackten Pilzen, den Kräutern, den Zwiebelwürfeln und etwas Paprika vermengen. Die Füllung in die Paprikaschoten füllen.

Eine feuerfeste Form mit der Margarine ausstreichen und die Paprikaschoten hineinsetzen. Im vorgeheizten Backofen zugedeckt bei mittlerer Hitze etwa 25 Minuten garen.

Beilage: Würzreis.

Pilzfrikadellen

Zutaten:

250 g Steinpilze, 50 g Zwiebeln, 3 EL Olivenöl, jodiertes Salz, weißer Pfeffer, 5 EL Butter, 5 EL Mehl, 250 ml Milch, 1 frisches Ei, 1 Msp. geriebene Muskatnuss, 1 EL gehackte Petersilie, 100 g Semmelbrösel, 4 EL Olivenöl.

Zubereitung:

Die Pilze grob, die Zwiebel fein hacken. Die Zwiebel in dem heißen Öl glasig dünsten, die Pilze hinzufügen und so lange dünsten, bis die Flüssigkeit fast vollständig verdunstet ist. Dann mit Salz und Pfeffer würzen.

Das Mehl in der Butter anrösten, mit der Milch ablöschen, kurz aufkochen und vom Herd nehmen. Das Ei und die Pilze hineingeben. Mit etwas Muskat würzen. Die Petersilie daruntermischen, dann alles abkühlen lassen.

Aus der Masse 4 große flache Frikadellen formen, diese in den Semmelbröseln wenden und in dem heißen Öl in einer Pfanne auf beiden Seiten goldgelb backen.

Beilage: Salat nach Wahl.

Fettuccine mit Steinpilzen

(für 6 Personen)

Zutaten:

50 g getrocknete Steinpilze, 2 EL Olivenöl, 5 EL Butter, 1 Zwiebel, 2 Lorbeerblätter, 6 EL Marsalawein, 5 EL Fleischbrühe, jodiertes Salz, 200 g Parmaschinken, 750 g Fettuccine, 100 g geriebener Parmesan.

Zubereitung:

Die Pilze in 250 ml lauwarmem Wasser etwa 30 Minuten einweichen.

Dann abgießen und die Flüssigkeit auffangen. Die Pilze abspülen und hacken.

Das Öl und die Hälfte der Butter in einer Pfanne erhitzen und die fein gehackte Zwiebel darin etwa 5 Minuten dünsten. 3 EL der Einweichflüssigkeit, die Lorbeerblätter und die Pilze hinzufügen, gut umrühren, dann den Marsala und die Fleischbrühe dazugeben. Etwas salzen und zugedeckt etwa 10 Minuten köcheln lassen.

Danach die Lorbeerblätter entfernen.

Den Schinken ohne Fettrand in Streifen schneiden.

Die Fettuccine nach Packungsvorschrift in Salzwasser kochen, dann abgießen und die restliche Butter daruntermischen.

Den Schinken und die Nudeln mit der Sauce vermischen. Mit dem Parmesan bestreut servieren.

Beilage: Brokkoli.

Gnocchi mit Steinpilzsauce

Zutaten:

800 g mehligkochende Kartoffeln, 2 frische Eigelb, je 20 g Parmesan und Greyerzer, gerieben, 150 g Mehl, jodiertes Salz, weißer Pfeffer, 200 g Steinpilze, 1 Schalotte, 2 EL Olivenöl, 2 EL trockener Weißwein, 50 ml Fleischbrühe, 200 g süße Sahne, 3 EL Butter.

Zubereitung:

Die Kartoffeln in der Schale in Salzwasser garen. Danach abkühlen lassen, pellen, dann durch eine Kartoffelpresse drücken.

Die Eigelbe mit dem Käse unter die Kartoffelmasse mischen. Das Mehl darüberstäuben und alles zu einem festen Teig verkneten. Mit Salz und Pfeffer würzen und 30 Minuten ruhen lassen.

Die Pilze in kleine Stücke schneiden. Die Schalotte fein würfeln und in dem heißen Öl andünsten. Die Pilze hinzufügen und mitdünsten. Mit dem Wein, der Fleischbrühe und der Sahne ablöschen. So lange unter Rühren kochen, bis eine sämige Sauce entsteht. Mit Salz und Pfeffer würzen.

Aus der Kartoffelmasse Gnocchis formen und diese etwa 2 Minuten in kochendem Salzwasser garen; abtropfen lassen und in der heißen Butter schwenken.

Die Gnocchis mit der Sauce anrichten.

Beilage: grüner Spargel.

Hähnchenbrust mit Rotkappen

Zutaten:

750 g Hähnchenbrüste, jodiertes Salz, weißer Pfeffer, 100 g Butter, 300 g Rotkappen, 5 EL trockener Weißwein.

Zubereitung:

Die Hähnchenbrüste mit Salz und Pfeffer einreiben. Eine Auflaufform mit der Butter ausstreichen und die Brüste hineinlegen.

Die Rotkappen um sie herum legen. Mit dem Wein begießen. Die restliche Butter in Flöckchen über Fleisch und Pilze verteilen.

Im vorgeheizten Backofen bei mittlerer Hitze etwa 45 Minuten überbacken.

Beilage: angeröstete Pellkartöffelchen.

Gedünstete Rotkappen mit Spinat

Zutaten:

500 g Spinat, 300 g Rotkappen, 4 Kartoffeln, 1 Zwiebel, 2 EL Butter, 4 Knoblauchzehen, jodiertes Salz, schwarzer Pfeffer, 2 Tomaten, 1 TL Koriander, 1 Msp. geriebene Muskatnuss.

Zubereitung:

Den Spinat waschen und trocken schleudern. Die Pilze in Stücke schneiden und die Kartoffeln raspeln. Die Zwiebel fein hacken und in der heißen Butter goldgelb dünsten. Den Knoblauch auspressen und mit dem Spinat dazugeben. Alles so lange dünsten, bis das Wasser aus den Spinatblättern tritt. Dann die Pilze und die Kartoffeln hinzufügen. Mit Salz und Pfeffer würzen.

Die Tomaten mit kochendem Wasser überbrühen, häuten, die Kerngehäuse entfernen, das Fruchtfleisch klein schneiden, in die Pfanne geben, mit Koriander und Muskat abschmecken.

Beilage: Petersilienkartoffeln.

Scheidenstreiflinge in Sahne

Zutaten:

500 g Scheidenstreiflinge, 1 Zwiebel, 2 EL Butterschmalz, 1 EL Kräuteressig, 1 TL Vollkorn-Mehl, jodiertes Salz, weißer Pfeffer, 250 g süße Sahne, 3 EL gehackter Dill.

Zubereitung:

Die Pilze grob zerteilen. Die Zwiebel fein hacken, danach in dem Butterschmalz goldgelb dünsten. Die Pilze hinzufügen und etwa 15 Minuten dünsten, bis die Flüssigkeit fast verdampft ist. Den Essig und das Mehl darunterrühren und mit der Sahne ablöschen. Unter ständigem Rühren ca. 5 Minuten köcheln lassen. Den Dill hacken und darüberstreuen.

Beilage: Bandnudeln.

Röhrlings-Gulasch

Zutaten:

1 kg Maronenröhrlinge, 1 große Zwiebel, 2 EL Butterschmalz, 1 EL Vollkorn-Mehl, jodiertes Salz, Rosenpaprika, 1 Handvoll Pinienkerne, 125 g süße Sahne, 4 EL gehackte Petersilie.

Zubereitung:

Die Pilze in Stücke schneiden, die Zwiebel fein hacken und in dem heißen Butterschmalz goldgelb dünsten. Dann die Pilze hinzufügen und etwa 15 Minuten schmoren lassen. Danach das Mehl darüberstäuben und mit etwas Wasser ablöschen.

Mit Salz und Paprika würzen, dann die Pinienkerne daruntermischen und die Sahne hineingeben.

Die Petersilie darüberstreuen.

Beilage: Kartoffelklöße.

Maronenröhrlinge im Blätterteig

Zutaten:

500 g gegarte Maronenröhrlinge, 1 Paket TK-Blätterteig, 1 TL Weizenmehl, 2 TL Zitronensaft, 1 TL gehackte Petersilie, 1 frisches Eigelb, 4 TL Johannisbeergelee.

Zubereitung:

Die Pilze in Stücke schneiden. Den Blätterteig auftauen, danach auf einer bemehlten Arbeitsfläche dünn ausrollen und Plätzchen von etwa 5 cm Durchmesser ausstechen.

Auf jedes Blätterteigstückchen einige Pilzstücke legen, diese mit dem Zitronensaft beträufeln und mit etwas Petersilie bestreuen. Die Ränder mit etwas Eigelb bestreichen. Danach mit einem zweiten Blätterteigstückchen bedecken. Die Ränder fest andrücken. Im vorgeheizten Backofen bei mittlerer Hitze etwa 15 Minuten backen.

Vor dem Servieren mit dem Johannisbeergelee bestreichen.

Beilage: feiner Salat der Saison.

Bandnudeln mit Wiesenchampignons

Zutaten:

600 g Wiesenchampignons, 2 Zwiebeln, 2 Knoblauchzehen, 4 EL Butter, jodiertes Salz, 2 EL Mehl, 400 ml Fleischbrühe, 500 g Bandnudeln, 6 EL trockener Weißwein, 100 g süße Sahne, weißer Pfeffer, 4 EL gehackte Petersilie.

Zubereitung:

Die Pilze in dünne Scheiben schneiden. Die Zwiebeln und den Knoblauch fein hacken.. Beides in der heißen Butter glasig dünsten.

Dann die Pilze hinzufügen und kurz mitdünsten. Mit dem Mehl überstäuben und mit der Brühe aufgießen. Etwa 10 Minuten köcheln lassen. Die ausgetretene Flüssigkeit abgießen.

Die Nudeln nach Packungsvorschrift in Salzwasser garen.

Den Wein und die Sahne an das Ragout geben und mit Salz und Pfeffer würzen.

Die Nudeln mit dem Pilzragout und der Petersilie bestreut auf Tellern anrichten.

Beilage: Gemüse nach Wahl.

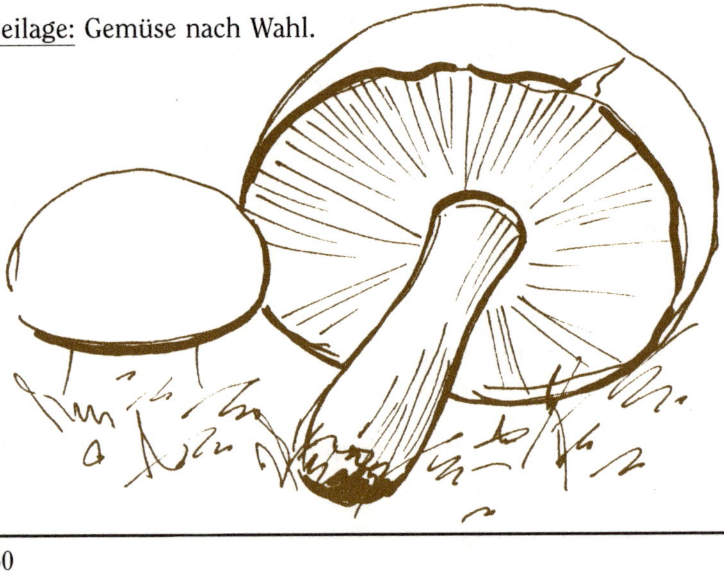

Stockschwämmchen

Zutaten:

8 EL Butter, 1 EL Semmelbrösel, jodiertes Salz, Paprikapulver, 300 g gegarte Stockschwämmchen, 4 frische Eier, 100 g süße Sahne, 2 EL gehackte Petersilie.

Zubereitung:

Eine Auflaufform mit etwas Butter ausstreichen und mit den Semmelbröseln ausstreuen. Die restliche Butter schaumig schlagen, mit Salz und Paprika würzen und kräftig verrühren.

Die Eier trennen. Das Eiweiß zu steifem Schnee schlagen. Nacheinander die Pilze, die Eigelbe, die Sahne und den Eischnee unter die Butter ziehen. Die Masse in die Form füllen. Im vorgeheizten Backofen bei mittlerer Hitze etwa 15 Minuten backen. Die Petersilie darüberstreuen.

Beilage: Salzkartoffeln.

Brokkoli-Curry mit Birkenpilzen

Zutaten:

2 Zwiebeln, 4-6 Birkenpilze, 2 EL Butterschmalz, 4 EL Zitronensaft, 2 Pakete Brokkoli (TK), jodiertes Salz, Currypulver, 1 Msp. gemahlener Zimt, 150 g Jogurt.

Zubereitung:

Die Zwiebel fein hacken, die Pilze in Stücke schneiden. Das Butterschmalz in einer Pfanne erhitzen und die Zwiebeln darin glasig dünsten, dann die Pilze hinzufügen. Mit dem Zitronensaft beträufeln. Etwa 5 Minuten dünsten lassen.

Danach den Brokkoli und 100 ml warmes Wasser dazugeben. Mit Salz und etwas Curry abschmecken und etwa 15 Minuten köcheln lassen.

Sobald das Gemüse gar ist, kräftig mit 1 Msp. Zimt abschmecken, dann den Jogurt darunterziehen.

Beilage: Vollkornbrot.

Waldpilz-Snack Abbildung s. Umschlag

Zutaten:

450 g Blätterteig (TK), 3 frische Eier, 250 g gemischte Waldpilze, 1 kleine Zwiebel, 1 EL Butter, 50 g geräucherter Schinken, jodiertes Salz, schwarzer Pfeffer, 5 EL süße Sahne, 1 Msp. geriebene Muskatnuss, 1 EL gehackte Petersilie.

Zubereitung:

Den Blätterteig auftauen lassen. 1 Ei verquirlen. Die Pilze blättrig schneiden, die Zwiebel fein hacken. Die Butter in einer Pfanne erhitzen und die Zwiebel darin glasig dünsten.

Den Schinken in kleine Würfel schneiden, danach zusammen mit den Pilzen zu den Zwiebeln geben. Mit Salz und Pfeffer würzen und kurz schmoren.

Die restlichen Eier mit der Sahne verquirlen, mit Salz, Pfeffer und Muskat würzen. Die Petersilie fein hacken und unter die Sahne mischen. Die Masse über die Pilze geben und stocken, dann abkühlen lassen.

Diese Masse auf den Blätterteigquadraten verteilen. Die Enden jeweils zusammenklappen und festdrücken. Mit dem verquirlten Ei bestreichen und im vorgeheizten Backofen bei 200 °C etwa 25 Minuten backen.

Beilage: Salat der Saison.

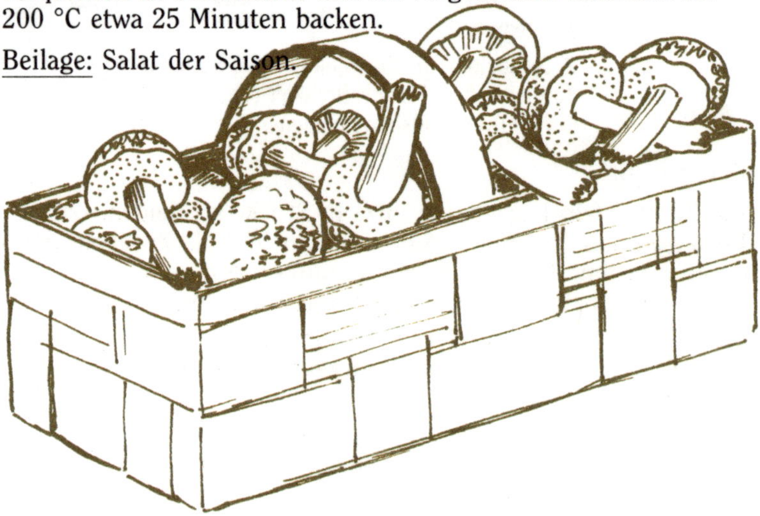

Geschmorte Samtfußrüblinge

Zutaten:

1 kg Samtfußrüblinge, 3 Zwiebeln, 3 EL Butterschmalz, 3 Möhren, 1 kleines Päckchen Erbsen (TK), jodiertes Salz, 1 TL Koriander, 1 TL Zitronensaft, je 4 EL gehackter Dill und Petersilie, schwarzer Pfeffer, 150 g saure Sahne.

Zubereitung:

Die Pilze in Stücke schneiden, die Stiele wegwerfen. Die Zwiebeln fein hacken und in dem heißen Butterschmalz goldgelb dünsten.

Danach die Pilze und die Erbsen dazugeben. Die Karotten fein raspeln und hinzufügen. Zugedeckt etwa 10 Minuten schmoren.

Anschließend ohne Deckel weitere 20 Minuten schmoren lassen, bis die Flüssigkeit verdampft ist.

Mit dem Zitronensaft, Salz und Koriander abschmecken. Die Kräuter mit der Sahne verrühren und dann darunterziehen.

Beilage: geröstete Pellkartöffelchen.

Mischpilze mit Pfannkuchen

Zutaten:

500 g gemischte Wildpilze, 3 EL Butter,
50 g durchwachsener Speck, 1 Zwiebel, weißer Pfeffer.

Zubereitung:

Die Pilze in kleine Stückchen schneiden, den Speck würfeln. Die Butter mit dem Speck in einer Pfanne erhitzen.

Die Zwiebel würfeln, hinzufügen und glasig dünsten.

Die Pilze dazugeben und scharf anbraten, bis die Flüssigkeit fast vollständig verdampft ist. Mit Pfeffer abschmecken.

Kleine warme Pfannkuchen mit den Pilzen füllen.

Beilage: Cornichons.

Türkische Dolmas

Zutaten:

400 g gemischte Wildpilze, 3 EL Reis, 2 Zwiebeln, 2 Knoblauchzehen, 2 EL gehackte Petersilie, jodiertes Salz, schwarzer Pfeffer, 500 ml Fleischbrühe, einige Weinblätter, 2 frische Eigelb, Zitronensaft.

Zubereitung:

Die Pilze fein hacken, den Reis blanchieren. Die Zwiebeln und die Knoblauchzehen fein hacken. Alle Zutaten mit etwas Salz, Pfeffer und etwas Brühe zu einer Art Teig verrühren.

Aus dem „Teig" kleine Kügelchen formen und sie in die Weinblätter einrollen; die Blätter dann mit Holzspießchen feststecken.

Alle Weinblattrollen in einen Topf geben, mit der Brühe übergießen und in etwa 20 Minuten garen. Herausnehmen, die Spieße entfernen und die Rollen pyramidenförmig auf einer vorgewärmten Platte anrichten.

Die Eigelbe verquirlen und in die Brühe rühren. Mit dem Zitronensaft abschmecken und als Sauce dazu reichen.

Beilage: Fladenbrot.

Jäger-Pfannkuchen Abbildung S. 57

Zutaten:

250 g Mehl, 4 frische Eier, 375 ml Milch, jodiertes Salz, 125 ml Mineralwasser mit Kohlensäure, 5 EL Butter, 80 g durchwachsener Speck, 600 g gemischte Wildpilze, 100 g alter Gouda, 1 Bund Petersilie, 1 Schalotte, schwarzer Pfeffer, 1 geriebene Kartoffel, einige Rosmarinnadeln, 2 Wacholderbeeren.

Zubereitung:

Das Mehl in eine Schüssel sieben und in die Mitte eine Vertiefung drücken. Die Eier mit etwas Milch und Salz verrühren, dann in die Vertiefung geben. Von der Mitte aus mit dem Mehl verrühren. Die restliche Milch und das Mineralwasser langsam darunterrühren, bis ein dicker Teig entsteht. Den Teig etwa 30 Minuten ruhen lassen.

Den Speck fein würfeln, die Pilze in dünne Scheiben schneiden. Den Gouda reiben und die Petersilie fein hacken. Die Schalotte in kleine Würfel schneiden. 1 EL Butter erhitzen und die Zwiebelwürfel darin anbraten, die Pilze und die Kartoffel dazugeben, mit der Petersilie, etwas Rosmarin und den zerdrückten Wacholderbeeren etwa 10 Minuten dünsten lassen.

Mit Salz und Pfeffer würzen.

Die restliche Butter in einer Pfanne erhitzen und darin 8 Pfannkuchen ausbacken. Die fertigen herausnehmen und warm stellen.

Die Füllung auf den Pfannkuchen verteilen, zusammenklappen und servieren.

Beilage: Kopfsalat.

Wildpilz-Piroggen

Zutaten:

500 g gemischte Wildpilze, 5 EL Butter, jodiertes Salz, schwarzer Pfeffer, 2 EL gehackte Petersilie, 3 frische Eier, 300 g Mehl, 120 g saure Sahne, 1 l Fleischbrühe.

Zubereitung:

Die Pilze fein hacken und in 2 EL Butter andünsten. Mit Salz und Pfeffer würzen, die Petersilie daruntermischen.

Aus 2 Eiern, dem Mehl und der Sahne einen Teig rühren.

Diesen etwa 2 cm dick ausrollen und daraus mit einer Tasse Scheiben ausstechen. Die Hälfte der Scheiben mit den Pilzen belegen. Den Rand mit dem restlichen Ei bestreichen und dann jeweils eine zweite Scheibe darauflegen und fest andrücken.

Die Brühe zum Kochen bringen und die Piroggen darin garen. Danach im vorgeheizten Backofen goldbraun backen.

Beilage: Preiselbeerkompott.

Wildpilz-Hackbraten

Zutaten:

800 g gemischte Wildpilze, 2 altbackene Brötchen, 100 ml Milch, 2 Zwiebeln, 2 EL Butter, 2 frische Eier, 5 EL Mehl, 150 g Semmelbrösel, ¼ TL getrockneter Majoran, jodiertes Salz, schwarzer Pfeffer.

Zubereitung:

Die Pilze mit kochendem Wasser überbrühen, dann fein hacken. Die Brötchen in der Milch einweichen, dann ausdrücken. Die Zwiebeln fein hacken.

Die Butter in einer Pfanne erhitzen und die Zwiebelwürfel darin dünsten, die Pilze hinzufügen, garen, danach abkühlen lassen. Mit den Eiern, den Semmelbröseln und den Gewürzen zu einem Teig verkneten.

Diesen wie einen länglichen Laib formen, in den Semmelbröseln wenden und in eine gefettete Auflaufform legen. Im vorgeheizten Backofen bei 200 °C etwa 25 Minuten backen.

Beilage: Salat nach Wahl.

Pilze im Kartoffelring

Zutaten:

125 g Speck, 500 g gemischte Wildpilze, jodiertes Salz, schwarzer Pfeffer, 350 g festes Kartoffelpüree, 2 EL gehackte Petersilie.

Zubereitung:

Den Speck in Würfel schneiden und in einer Pfanne auslassen. Die Pilze hinzufügen, garen und mit Salz und Pfeffer würzen.

Das Kartoffelpüree auf einer vorgewärmten Platte ringförmig anrichten. Die Pilze in die Mitte geben. Die Petersilie darüberstreuen.

Beilagen: Specksauce und grüner Salat.

Jäger-Pfannkuchen (Rezept auf Seite 54).

Wildpilzauflauf „Hausmacher Art“

Zutaten:
2 kleine Zwiebeln, 1 Bund Petersilie, 100 g Butter, 500 g gemischte Wildpilze, jodiertes Salz, schwarzer Pfeffer, 3 frische Eier, Semmelbrösel, 150 g saure Sahne.

Zubereitung:

Die Zwiebeln und die Petersilie fein hacken. Die Zwiebeln und die Hälfte der Petersilie in etwas Butter andünsten.

Die Pilze in kleine Stücke schneiden und hinzufügen und mitbraten. Mit Salz und Pfeffer würzen, dann in eine gefettete Auflaufform füllen.

Die Eier trennen. Die Eiweiße zu steifem Schnee schlagen. Die Eigelbe mit den Semmelbröseln und der restlichen Petersilie verrühren.

Den Eischnee darunterziehen. Diese Masse über die Pilze geben und im vorgeheizten Backofen bei 200 °C etwa 45 Minuten backen.

Beilage: Blattsalat.

Kartoffel-Pilz-Auflauf

Zutaten:
6 große festkochende Kartoffeln, jodiertes Salz, 500 g gemischte Wildpilze, 2 EL Butter, 100 g Frühstücksspeck, 4 frische Eigelbe, 200 g Crème fraîche, weißer Pfeffer, 4 EL gehackte Petersilie.

Zubereitung:

Die Kartoffeln in der Schale in Salzwasser etwa 25 Minuten garen. Danach abkühlen lassen, pellen und in Scheiben schneiden. Die Pilze in Scheiben schneiden und in der heißen Butter dünsten, dann herausnehmen.

Die Pilze und die Kartoffelscheiben schichtweise in eine ausgefettete Auflaufform füllen.

Den Speck würfeln und darüber verteilen.

Die Eigelbe mit der Crème fraîche und etwas Salz verquirlen, über die Kartoffel-Pilz-Masse gießen. Im vorgeheizten Backofen bei 220 °C etwa 20 Minuten backen.

Die Petersilie darüberstreuen.

Beilage: Salat nach Wahl.

Gutsherren-Omelett

Zutaten:

250 g Kalbsleber, 200 g gemischte Wildpilze, 1 EL Butter, 1 EL Mehl, etwas Majoran, jodiertes Salz, 3 EL Sherry, Zucker, 8 frische Eier, 4 EL Butterschmalz, weißer Pfeffer.

Zubereitung:

Die Leber in kleine Würfel, die Pilze in Scheiben schneiden. Die Leberwürfel in der Butter etwa 5 Minuten anbraten, herausnehmen und warm stellen.

Danach die Pilze in dem Bratfett etwa 5 Minuten dünsten. Mit dem Mehl bestäuben und mit etwa 125 ml Wasser ablöschen. Mit Majoran und Salz würzen und gut durchkochen lassen.

Dann die Leber hinzufügen. Mit dem Sherry und etwas Zucker abschmecken.

Die Eier mit 6 EL Wasser, Salz und Pfeffer gut verquirlen.

Das Butterschmalz in einer Pfanne erhitzen und darin 4 Omeletts ausbacken. Die fertigen herausnehmen und warm stellen.

Die Omeletts mit der Leber belegen, zusammenklappen und servieren.

Beilage: eingelegtes Gemüse.

Überbackener Pilzauflauf

Zutaten:

500 g gemischte Wildpilze, 8 EL Butter, 1 kleine Zwiebel, jodiertes Salz, 1 Msp. gemahlener Kümmel, 2 altbackene Brötchen, 300 ml Milch, 3 frische Eier, 2 EL Semmelbrösel.

Zubereitung:

Die Pilze in dünne Scheiben schneiden. Die Zwiebel würfeln und in 5 EL Butter glasig dünsten. Die Pilze hinzufügen, mit Salz und Kümmel würzen und weich dünsten.

Die Brötchen in der Milch einweichen, ausdrücken, zerpflücken und unter die Pilze mischen. Die Eier verquirlen und ebenfalls daruntermischen. Die Semmelbrösel dazugeben und verkneten.

Eine Auflaufform mit der restlichen Butter ausstreichen und die Pilzmasse hineinfüllen. Im vorgeheizten Backofen bei mittlerer Hitze etwa 20 Minuten backen.

Beilage: eingelegte Maiskölbchen.

Knackige Pilzschnitte

Zutaten:

500 g gemischte Wildpilze, 1 Schalotte, 1 Knoblauchzehe, 1/2 Bund Petersilie, 2 EL Butter, jodiertes Salz, weißer Pfeffer, 8 Scheiben Knäckebrot.

Zubereitung:

Die Pilze je nach Größe halbieren oder vierteln. Die Schalotte und den Knoblauch fein würfeln, die Petersilie fein hacken.

Die Butter in einer Pfanne erhitzen und die Schalottenwürfel darin glasig dünsten.

Den Knoblauch und die Pilze hinzufügen und etwa 10 Minuten unter Rühren garen. Mit Salz und Pfeffer abschmecken.

Die Pilze auf den Brotscheiben verteilen und mit der Petersilie bestreuen.

Beilage: Salat nach Wahl.

Kleine Gerichte mit Kulturpilzen

Gebratene Austernpilze Abbildung S. 64

Zutaten:

100 g Zwiebeln, 500 g Austernpilze, 4 EL Olivenöl, 100 g Kirschtomaten, 2 EL Zitronensaft, jodiertes Salz, schwarzer Pfeffer, 1/2 Bund Petersilie, 60 g geriebener Gouda.

Zubereitung:

Die Zwiebeln in Spalten, die Pilze in Stücke schneiden. Das Öl in einer Pfanne erhitzen und die Zwiebeln darin etwa 5 Minuten dünsten.

Dann die Pilze und die Tomaten hinzufügen. Etwa 5 Minuten unter Wenden garen. Mit dem Zitronensaft, Salz und Pfeffer würzen.

Die Petersilie fein hacken und zusammen mit dem Gouda darüberstreuen.

Beilage: ofenwarmes Baguette.

Teufelstoast „italienische Art“

Zutaten:

250 g Champignons, 3 EL Butter, 1 EL Olivenöl, 1 EL Mehl, 120 g süße Sahne, jodiertes Salz, weißer Pfeffer, 4 Toastbrotscheiben, 2 Tomaten, 4 Scheiben Gouda, 4 Scheiben Frühstücksspeck, schwarzer Pfeffer.

Zubereitung:

Die Pilze in dünne Scheiben schneiden. 1 EL Butter mit dem Öl in einer Pfanne erhitzen und die Pilze darin andünsten, dann mit dem Mehl bestäuben. Die Sahne dazugießen, mit Salz und Pfeffer würzen und einige Minuten ziehen lassen.

Die Toastbrotscheiben mit der restlichen Butter bestreichen und in eine feuerfeste Form legen. Die Champignons darauf schichten.

Die Tomaten in Scheiben schneiden.

Die Tomatenscheiben, den Gouda und den Frühstücksspeck darauflegen, pfeffern und im vorgeheizten Backofen bei starker Hitze überbacken, bis der Speck braun ist.

Beilage: Tomaten-Zwiebel-Salat.

Würziger Austernpilz-Salat

Zutaten:

1 kleiner Kopf Eichblattsalat, 150 g Radicchiosalat, 250 g Austernpilze, 9 EL Sojaöl, 3 EL trockener Sherry, 2 TL Essig-Essenz, 200 g Crème fraîche, je 2 EL gehackter Kerbel und Dill, jodiertes Salz, schwarzer Pfeffer, Zucker.

Zubereitung:

Die Salate in mundgerechte Stücke zerzupfen. Die Austernpilze je nach Größe halbieren oder vierteln. 4 EL Öl mit dem Sherry, der Essig-Essenz und der Crème fraîche verrühren. Die Kräuter unter die Marinade mischen und mit Salz, Pfeffer und etwas Zucker abschmecken.

Die Pilze in dem restlichen Öl in einer Pfanne etwa 10 Minuten braten. Dann mit Salz und Pfeffer würzen.

Die Salatblätter auf 4 Tellern anrichten. Mit der Kräutersauce überzogen und den Pilzen bestreut servieren.

Beilage: Roggenbrötchen.

Toastwunder mit Austernpilzen

Zutaten:

6 Scheiben Toastbrot, 6 Scheiben Leberpastete, 350 g Austernpilze, 2 Frühlingszwiebeln, 1 EL Butter, 250 ml Sauce à la Béarnaise (FP), 100 g geriebener Emmentaler.

Zubereitung:

Die Toastscheiben leicht anrösten, danach in eine feuerfeste Form legen und mit der Leberpastete belegen.

Die Austernpilze klein schneiden, die Zwiebeln in Scheiben schneiden und in der Butter andünsten.

Die Pilze und die Sauce Béarnaise dazugeben. Gut vermischen und über die Toastscheiben in die Form geben.

Mit dem Käse bestreut im vorgeheizten Backofen bei mittlerer Hitze etwa 20 Minuten überbacken.

Beilage: Salat der Saison.

Gebratene Austernpilze (Rezept auf Seite 62).

Champignon-Gourmet-Toast

Abbildung S. 66/67

Zutaten:

500 g weiße Champignons, 500 g Rinderfilet, jodiertes Salz, schwarzer Pfeffer, 3 EL Olivenöl, 125 g süße Sahne, 2 EL Wild-Preiselbeeren, 7 EL Butter, 4 Toastscheiben, Feldsalat.

Zubereitung:

Die Champignons halbieren. Das Rinderfilet mit Salz und Pfeffer einreiben. Das Öl in einer Pfanne erhitzen und das Filet darin rundum anbraten, dann bei mittlerer Hitze etwa 20 Minuten weiterbraten, ab und zu wenden.

Die Sahne steif schlagen und die Preiselbeeren darunterziehen, kühl stellen. 3 EL Butter in einer Pfanne erhitzen und die Champignons darin goldbraun braten. Mit Salz und Pfeffer würzen.

Die Toastscheiben rösten und mit der restlichen Butter bestreichen. Das Rinderfilet in 8 dünne Scheiben schneiden und jeweils 2 auf 1 Toastscheibe legen. Die Champignons über dem Fleisch verteilen.

Die Toasts mit der Preiselbeersahne und etwas Feldsalat anrichten.

Beilage: marinierter Spargel.

Schützen-Spieße

Zutaten:

3 rote Zwiebeln, 100 g Champignons, 1 Zucchini, 1 rote Paprikaschote, 1 Fenchelknolle, jodiertes Salz, schwarzer Pfeffer, 1 Knoblauchzehe, 4 EL Sonnenblumenöl, 250 ml Schaschlik-Sauce (FP).

Zubereitung:

Die Zwiebeln und die Pilze vierteln. Die Zucchini, die Paprikaschote und die Fenchelknolle in Stücke schneiden. Alles abwechselnd auf 4 Schaschlikspieße stecken und mit Salz und Pfeffer würzen. Den Knoblauch durchpressen und in dem heißen Öl dünsten. Die Spieße dazugeben und rundum anbraten. Mit der Sauce überzogen servieren.

Beilage: Würzreis.

Champignon-Gourmet-Toast (Rezept auf Seite 65).

Champignon-Mitternachts-Imbiss

Abbildung S. 70

Zutaten:

3 EL Butter, 500 g Champignons, 1 EL Mehl, 125 g süße Sahne, schwarzer Pfeffer, jodiertes Salz, 4 Toastscheiben, 1 große Fleischtomate, 4 Scheiben Edamer, 4 Scheiben Frühstücksspeck.

Zubereitung:

1 EL Butter in einer Pfanne erhitzen. Die Champignons in Scheiben schneiden und in der heißen Butter andünsten. Das Mehl darunterrühren und anschwitzen. Die Sahne dazugeben und etwa 5 Minuten schmoren lassen. Mit Salz und Pfeffer abschmecken.

Die Toastscheiben toasten und mit der restlichen Butter bestreichen. Die Tomate in Scheiben schneiden.

Die Pilzmischung auf den Toastscheiben verteilen. Mit einigen Tomatenscheiben, den Käsescheiben und dem Speck belegt im vorgeheizten Backofen bei 200 °C etwa 15 Minuten überbacken.

Beilage: Kirschtomaten.

Schinkenrolle mit Pilzfüllung

Zutaten:

8 Scheiben gekochter Schinken, 4 EL Butter, 300 g Champignons, 1 EL Petersilie, 1 EL Zitronensaft, jodiertes Salz, schwarzer Pfeffer, 1 Tomate, einige gefüllte grüne Oliven.

Zubereitung:

Die Schinkenscheiben in 2 EL Butter anbraten, herausnehmen und warm stellen.

Die Pilze in Scheiben schneiden, die Petersilie fein hacken. Beides in der restlichen Butter mit dem Zitronensaft dünsten.

Mit Salz und Pfeffer würzen, dann den Pilzsaft einkochen lassen.

Die Pilze auf den Schinkenscheiben verteilen und einrollen. Auf einer Platte mit der geachtelten Tomate und den Oliven anrichten.

Beilage: geröstetes Toastbrot.

Edle Champignonpasteten Abbildung S. 71

Zutaten:

500 g Champignons, 500 g grüner Spargel,
500 ml Hühnerbrühe, 4 EL Butter, 4 EL Mehl,
250 g süße Sahne, 2 frische Eigelb, jodiertes Salz,
weißer Pfeffer, 2 EL Zitronensaft, 4 Blätterteigpasteten (FP), 2 EL gehackte Petersilie.

Zubereitung:

Die Champignons vierteln – bis auf 4 Stück für die Garnitur. Den Spargel schälen und bis auf die Köpfe schräg in dicke Scheiben schneiden. Dann etwa 5 Minuten in der Brühe garen, abgießen und den Fond dabei auffangen.

Die Butter in einer Pfanne erhitzen und die Champignons darin andünsten, das Mehl darüberstäuben, kurz anschwitzen, dann mit dem Fond ablöschen.

230 g Sahne dazugießen und die Sauce etwa 2 Minuten köcheln lassen. Dann vom Herd nehmen.

Die Eigelbe mit der restlichen Sahne verquirlen und in die Sauce rühren. Die Spargel darin erwärmen. Mit Salz, Pfeffer und dem Zitronensaft abschmecken.

Die Pasteten im vorgeheizten Backofen bei 200 °C etwa 6 Minuten aufbacken.

Das Champignon-Ragout in die heißen Pasteten füllen. Mit den beiseite gelegten Champignons und der Petersilie garnieren.

Beilage: eingelegtes Gemüse.

Champignon-Mitternachts-Imbiss (Rezept auf Seite 68).

Edle Champignonpasteten (Rezept auf Seite 69).

Süß-saure Champignons

Zutaten:

1 kg kleine Champignons, 3 Frühlingszwiebeln, 6 EL Olivenöl, 1 Stück Ingwerwurzel, 4 EL Tomatenmark, 200 ml ungesalzene Gemüsebrühe, jodiertes Salz, Zucker, Weißweinessig, 1 EL Speisestärke.

Zubereitung:

Die Champignons mit kochendem Wasser überbrühen, dann abtropfen lassen und trocken tupfen.

Die Frühlingszwiebeln in große Stücke, die Ingwerwurzel in Scheiben schneiden. Beides in dem heißen Öl in einer Pfanne unter ständigem Rühren anbraten.

Das Tomatenmark und den Fond einrühren. Die Pilze, etwas Salz, Zucker und den Essig dazugeben und alles etwa 3 Minuten kochen lassen.

Die Zwiebelstückchen und die Ingwerscheiben entfernen und die Sauce mit der Speisestärke andicken.

Beilagen: Vollkornbrot und Butter.

Champignons, mit Sonnenblumenkernen gefüllt

Zutaten:

16 Riesenchampignons, 1 Knoblauchzehe, 4 Scheiben Vollkornbrot, 4 EL Olivenöl, 150 g geriebener Parmesan, 150 g Jogurt, 4 EL geschälte Sonnenblumenkerne, je 1 Bund Schnittlauch und Petersilie, 2 EL Margarine für die Form.

Zubereitung:

Die Stiele der Champignons herausnehmen und klein schneiden, die Knoblauchzehe durchpressen.

Die Champignonstiele mit dem fein zerbröselten Brot und dem Knoblauch in dem heißen Öl in einer Pfanne anrösten.

Die Pfanne vom Herd nehmen, dann den Käse, den Jogurt und die Sonnenblumenkerne darunterrühren.

Den Schnittlauch und die Petersilie fein hacken und ebenfalls darunterrühren.

Die Champignons mit der Brot-Käse-Masse füllen. In einer feuerfesten Form im vorgeheizten Backofen bei mittlerer Hitze etwa 25 Minuten überbacken.

Beilage: Grüner Salat nach Wahl.

Champignon-Tofu auf Blattspinat

Abbildung S. 74/75

Zutaten:

250 g Tofu, 3 Knoblauchzehen, 3 cl trockener Sherry, 5 EL Sojaöl, jodiertes Salz, schwarzer Pfeffer, 1 Msp. Cayennepfeffer, 1 TL getrockneter Thymian, 150 g Blattspinat, 2 Schalotten, 3 EL Schnittlauchröllchen, 4 EL Zitronensaft.

Zubereitung:

Den Tofu in 1 cm große Würfel schneiden, in eine Schale legen. Den Knoblauch darüberpressen und den Sherry und 2 EL Öl darübergießen. Gut vermischen und mit Salz, Pfeffer, Cayennepfeffer (vorsichtig dosieren) und dem Thymian würzen. Zugedeckt etwa 2 Stunden im Kühlschrank ziehen lassen.

Den Spinat putzen, die Schalotten fein hacken und die Champignons in dünne Scheiben schneiden. Die Tofuwürfel abtropfen lassen, dann mit den Champignons in dem restlichen Öl goldbraun braten, danach salzen und pfeffern.

Die Tofumarinade mit dem Zitronensaft verrühren und den Spinat darin wenden. Die Schalotten hinzufügen, dann auf Tellern verteilen. Die Pilz-Tofu-Mischung warm darauf verteilen und mit der restlichen Marinade begießen. Mit dem Schnittlauch bestreut servieren.

Beilage: Baguette.

Champignon-Tofu auf Blattspinat (Rezept auf Seite 73).

Eingelegte Champignons

Zutaten:

1 kg kleine Champignons, 1 Töpfchen Thymian,
2 Chilischoten, 250 ml Weißweinessig, 2 TL Senfkörner,
2 EL Zucker, jodiertes Salz, 4 EL Olivenöl.

Zubereitung:

Die Champignons mit einem Tuch abreiben, die Thymianblättchen abzupfen. Die Chili in Ringe schneiden und dabei die Kerne entfernen.

Den Essig mit den Senfkörnern, dem Zucker, etwas Salz, den Chiliringen und den Thymianblättchen in einem Topf zum Kochen bringen.

Die Pilze dazugeben und etwa 5 Minuten kochen lassen.

Danach den Sud abkühlen lassen, in Gläser füllen und das Olivenöl darübergeben.

Vor dem Servieren mindestens 14 Tage ziehen lassen.

Beilagen: Vollkornbrot und Butter.

Champignon-Omelett mit Schinken

Zutaten:

150 g Champignons, 200 g fester Camembert,
200 g gekochter Schinken, 6 EL Butter, 16 frische Eier,
8 EL Milch, jodiertes Salz, weißer Pfeffer.

Zubereitung:

Die Champignons und den Camembert in dünne Scheiben schneiden. Den Schinken in kleine Stücke zupfen. Die Champignons in 2 EL heißer Butter anbraten.

Die Eier mit der Milch, etwas Salz und Pfeffer verquirlen.

Die restliche Butter in einer Pfanne erhitzen und nacheinander darin 4 Omeletts ausbacken.

Bevor die Oberfläche zu stocken beginnt, jeweils die Pilzschichten, den Camembert und die Schinkenstücke auf dem Omelett verteilen. Einen Rand einschlagen, dann das Omelett aus der Pfanne gleiten lassen und dabei leicht einrollen.

Beilage: Salat der Saison.

Kräuter-Omelett mit Pilzen

Zutaten:

12 frische Eier, jodiertes Salz, 4 EL süße Sahne, 2 Möhren, 1 Bund Petersilie, 8 EL Butter, 700 g Champignons, 2 Zwiebeln, 1 Päckchen Crème de Champignon (für 500 ml-FP), 8 EL geschlagene Sahne.

Zubereitung:

Die Eier mit etwas Salz und der Sahne verquirlen. Die Möhre fein reiben, die Petersilie fein hacken. Beides unter die Eimasse rühren.

Die Pilze in Stücke, die Zwiebeln in Würfel schneiden.

Die Zwiebelwürfel in 4 EL heißer Butter anbraten, die Pilze hinzufügen und kurz mit andünsten.

Das Saucenpulver nach Packungsvorschrift mit kaltem Wasser anrühren, zu den Pilzen geben und aufkochen lassen. Die Sahne darunterheben.

Die restliche Butter in einer Pfanne erhitzen und aus der Eimasse darin nacheinander 4 Omeletts ausbacken.

Die Pilze auf den Omeletts verteilen und zusammenklappen.

Beilage: frischer Blattsalat.

Tournedos „Fürst Metternich“

Zutaten:

4 Filetsteaks (je etwa 150 g), 2 EL Butter, jodiertes Salz, schwarzer Pfeffer, 250 g Champignons, 1 EL Petersilie, 2 EL süße Sahne.

Zubereitung:

Die Filetsteaks in der heißen Butter je Seite etwa 3 Minuten braten. Salzen, pfeffern und warm stellen.

Die Pilze abreiben, die Petersilie fein hacken. Beides in dem Bratensatz etwa 5 Minuten dünsten und mit der Sahne binden.

Die Filetsteaks mit der Sauce überziehen.

Beilage: Basmatireis.

Gefüllte Champignons Abbildung S. 79

(für 5 Portionen)

Zutaten:

20 große Champignonköpfe, 150 g Rahm-Spinat (TK), 2 EL Crème fraîche, 2 Knoblauchzehen, jodiertes Salz, weißer Pfeffer.

Zubereitung:

Von den Champignons vorsichtig die Stiele herausdrehen und diese fein hacken. Den Spinat auftauen und abtropfen lassen. Dann mit der Crème fraîche verrühren. Die Knoblauchzehen zerdrücken und mit den gehackten Champignonstielen unter den Spinat mischen.

Mit Salz und Pfeffer würzen, dann die Masse in die Champignonköpfe füllen.

Die Champignons in eine Auflaufform geben und unter dem vorgeheizten Grill des Backofens etwa 5 Minuten überbacken.

Beilagen: Baguette und mit Zitronensaft angemachter Spinat.

Feiner Champignoncocktail

Zutaten:

200 g Brokkoli, jodiertes Salz, 4 Erdbeeren, 200 g große weiße Champignons, ½ Friséesalat, 8 dünne Scheiben Kasseler-Aufschnitt, 2 frische Eigelb, 2 EL flüssiger Honig, 1 EL Zucker, 2 EL mittelscharfer Senf.

Zubereitung:

Den Brokkoli in Röschen zerteilen und etwa 5 Minuten in kochendem Salzwasser blanchieren.

Die Erdbeeren vierteln, die Champignons in dünne Scheiben schneiden.

Den Salat zerpflücken und 4 Cocktailgläser damit auslegen. Die Champignons, die Erdbeeren, das Kasseler und den Brokkoli in den Gläsern anrichten.

Die Eigelbe mit dem Honig, dem Zucker und dem Senf in einer Schüssel verrühren. Die Sauce über die Cocktails verteilen.

Beilage: getoastetes Kastenweißbrot.

Gefüllte Champignons (Rezept auf Seite 78).

Champignon-Omelett „provencale“

Zutaten:

1 Zwiebel, 150 g Champignons, 2 Tomaten, 8 Anchovisfilets (aus der Dose), 12 schwarze Oliven, 1 EL Petersilie, 7 EL weiche Butter, jodiertes Salz, weißer Pfeffer, 6 frische Eier, 3 EL süße Sahne.

Zubereitung:

Die Zwiebel fein hacken, die Champignons in Scheiben schneiden. Die Tomaten mit kochendem Wasser überbrühen, häuten, entkernen und in Stücke schneiden.

Die Anchovis abtropfen lassen und zusammen mit den Oliven und der Petersilie klein hacken.

Das Öl in einer Pfanne erhitzen und die Zwiebel darin etwa 3 Minuten dünsten. Die Champignons dazugeben und unter Rühren etwa 3 Minuten weiter dünsten.

Dann vom Herd nehmen und abkühlen lassen.

Die Champignons, die Tomaten, die Anchovis, die Oliven und die Petersilie mit 4 EL weicher Butter verrühren. Mit Salz und Pfeffer abschmecken.

Die Eier mit der Sahne verquirlen und mit Salz und Pfeffer würzen. Die restliche Butter in einer Pfanne erhitzen und aus der Eimasse darin nacheinander 4 Omeletts ausbacken. Die Champignonmasse darauf verteilen und zusammenklappen.

Beilage: Bauernsalat.

Crêpes mit Pilzfüllung Abbildung S. 82/83

Zutaten:

100 g Mehl, 125 ml Milch, jodiertes Salz, 3 frische Eier, 500 g Austernpilze, 3 Frühlingszwiebeln, 3 Tomaten, 5 EL Butter, 70 ml Sherry, 1 EL gehackte Petersilie, weißer Pfeffer.

Zubereitung:

Das Mehl mit der Milch und 125 ml Wasser zu einem glatten Teig verrühren. Etwas Salz und die Eier darunterrühren und den Teig etwa 30 Minuten ruhen lassen.

Die Austernpilze schräg in schmale Ringe schneiden. Die Tomaten mit kochendem Wasser überbrühen, häuten, entkernen und das Fruchtfleisch würfeln. 3 EL Butter in einer Pfanne erhitzen und darin aus dem Teig 4 Crêpes backen. Die fertigen herausnehmen und warm stellen.

Die restliche Butter in einer zweiten Pfanne erhitzen und die Pilze und die Frühlingszwiebeln darin etwa 5 Minuten braten. Dann die Tomatenwürfel hinzufügen. 1 Minute weitergaren, dann mit dem Sherry ablöschen. Die Petersilie daruntermischen und mit Salz und Pfeffer würzen.

Die Füllung auf den Crêpes verteilen, zusammenklappen und sofort servieren.

Beilage: Grüner Salat.

Champignongratin

Zutaten:

400 g weiße Champignons, 400 g braune Champignons, 4 Schalotten, 3 EL Butter, weißer Pfeffer, 6 EL trockener Weißwein, 200 g süße Sahne, jodiertes Salz, ½ TL Himbeeressig, 2 frische Eigelb, 3 EL Crème fraîche.

Zubereitung:

Die Champignons in Scheiben, die Schalotten in kleine Würfel schneiden. Die Schalotten in der heißen Butter glasig dünsten, dann die Pilze dazugeben und kräftig mit Pfeffer würzen.

Den Wein angießen und kurz bei starker Hitze fast ganz einkochen. Dann die Sahne hinzufügen, salzen und einmal aufkochen lassen.

Die Champignons mit einem Schaumlöffel aus der Sahne heben und in eine Auflaufform setzen.

Die Sahne bei starker Hitze unter Rühren cremig einkochen lassen. Mit einigen Tropfen Himbeeressig, Salz und Pfeffer würzen, dann in die Form über die Pilze gießen.

Die Eigelbe mit der Crème fraîche verquirlen und darüber verteilen. Im vorgeheizten Backofen bei starker Hitze überbacken, bis die Oberfläche goldgelb ist.

Beilage: kurz gebratenes oder gegrilltes Fleisch.

Crêpes mit Pilzfüllung (Rezept auf Seite 80).

Gefüllte Crêpes

Zutaten:
100 g Mehl, 240 ml Milch, 4 frische Eier, jodiertes Salz, weißer Pfeffer, 400 g Zucchini, 400 g Austernpilze, 6 Knoblauchzehen, 8 EL Butter, 1 Kästchen Kresse, 120 g Magerquark, 2 EL Zitronensaft, 1 EL Zucker, 2 Tomaten.

Zubereitung:

Das Mehl mit der Milch, den Eiern und etwas Salz zu einem glatten Teig verrühren. Diesen etwa 30 Minuten quellen lassen.

Die Zucchini in Würfel schneiden, die Austernpilze grob zerkleinern. Den Knoblauch fein hacken. Alles in 4 EL Butter in einer Pfanne etwa 10 Minuten dünsten. Mit Salz und Pfeffer würzen.

Die restliche Butter in einer Pfanne erhitzen. Aus dem Teig darin nacheinander 4 Crêpes ausbacken, diese warm stellen.

Die Kresse abschneiden. Den Quark mit etwas Wasser verrühren. Mit dem Zitronensaft, etwas Zucker, Salz und Pfeffer abschmecken und die Hälfte der Kresse darunterrühren. Die Tomaten in Scheiben schneiden.

Die Crepes mit dem Gemüse füllen. Mit dem Quark und den Tomatenscheiben anrichten und mit der restlichen Kresse bestreuen.

Beilage: dünn geschnittene Rettichscheiben.

Pfannkuchen mit Champignons

Zutaten:
4 frische Eier, 160 g Mehl, 250 ml Mineralwasser mit Kohlensäure, jodiertes Salz, 4 EL Butter, 800 g Champignons, weißer Pfeffer, 1 Bund Schnittlauch.

Zubereitung:

Die Eier trennen. Die Eiweiße zu steifem Schnee schlagen. Die Eigelbe mit dem Mehl, dem Mineralwasser und etwas Salz verrühren. Den Eischnee darunterheben.

3 EL Butter in einer Pfanne erhitzen und aus der Eimasse darin nacheinander 4 Pfannkuchen ausbacken und warm stellen.

Die Champignons in Scheiben schneiden und in der restlichen Butter unter ständigem Rühren dünsten. Mit Salz und Pfeffer würzen.

Den Schnittlauch in Röllchen schneiden, dann unter die Pilze heben. Die Pilze auf den Pfannkuchen verteilen.

Beilage: Sprossensalat.

Champignonsalat

Zutaten:

150 g durchwachsener Speck, 1 EL Butter, 3 Scheiben altbackenes Toastbrot, 1 Knoblauchzehe, 2 Frühlingszwiebeln, 3 EL Himbeeressig, jodiertes Salz, weißer Pfeffer, 3 EL Walnussöl, 3 EL Olivenöl, ½ Eichblattsalat, ½ Friséesalat, 150 g weiße und 150 g braune Champignons.

Zubereitung:

Den Speck in Streifen schneiden und in der Butter in einer Pfanne auslassen. Die Brotscheiben mit der halbierten Knoblauchzehe einreiben, dann das Brot würfeln und zu dem Speck geben. Unter ständigem Rühren goldbraun rösten.

Die Zwiebeln in feine Ringe schneiden. Den Essig mit Salz und Pfeffer verrühren und das Öl darunterschlagen. Beide Salate zerpflücken, auf 4 Tellern anrichten und mit etwas Sauce beträufeln.

Die Champignons in dünne Scheiben schneiden und in die Mitte der Salatteller häufen. Mit der restlichen Sauce überziehen.

Die Knoblauch-Croutons und den Speck darüber verteilen. Mit den Zwiebelringen garnieren.

Beilage: Fladenbrot.

Champignonsalat mit Weintrauben

Abbildung S. 87

Zutaten:

400 g große Champignons, 4 hart gekochte Eier, 200 g blaue und grüne Weintrauben, 50 g ganze Haselnusskerne, 1 große Orange, 150 g Vollmilchjogurt, 100 g Salatmajonäse, 2 EL Currypulver, jodiertes Salz, 1 EL Zucker, Zitronenmelisse.

Zubereitung:

Die Pilze in Scheiben schneiden. Die Eier pellen und in Spalten schneiden. Die Weintrauben gründlich waschen, halbieren und entkernen. Die Haselnüsse grob in Scheiben schneiden.

Die Orange auspressen. Den Jogurt mit der Majonäse und dem Orangensaft vermischen. Mit dem Currypulver, Salz und Zucker abschmecken.

Die Currymajonäse mit den Salatzutaten in einer Schüssel vermengen. Mit Zitronenmelisse garniert servieren.

Beilage: Zwiebel-Baguette.

Champignon-Carpaccio

Abbildung S. 91

Zutaten:

100 g Feldsalat, 1 TL Essig-Essenz (25 %), 6 EL Olivenöl, jodiertes Salz, Zucker, 250 g Champignons, 1 Knoblauchzehe, 100 g Parmesan, schwarzer Pfeffer.

Zubereitung:

Den Feldsalat putzen, waschen und gut abtropfen lassen.

Aus der Essig-Essenz, 2 EL Wasser, dem Öl, etwas Salz und 1 Msp. Zucker eine Marinade rühren.

Die Champignons blättrig schneiden, den Knoblauch halbieren. 4 Teller mit dem Knoblauch einreiben, dann den Feldsalat und die Pilze darauf anrichten und mit der Sauce beträufeln.

Den Käse in dünne Scheiben schneiden, darüber legen und mit Pfeffer bestreuen.

Beilage: Käsestangen.

Champignonsalat mit Weintrauben (Rezept auf Seite 86).

Feiner Pilzsalat

Zutaten:

140 g Maiskörner, 3 Frühlingszwiebeln, 150 g Champignons, 100 g Cocktail-Tomaten, 2 hart gekochte Eier, 2 EL Eierlikör, 3 EL Olivenöl, 2 EL Weißweinessig, jodiertes Salz, weißer Pfeffer, 4 Friséeblätter, 1 Bund Petersilie.

Zubereitung:

Die Maiskörner abtropfen lassen. Die Frühlingszwiebeln in Ringe, die Pilze in Scheiben schneiden. Die Tomaten halbieren. Die Eier pellen, dann das Eigelb vom Eiweiß trennen. Die Eigelbe durch ein Sieb streichen, die Eiweiße mit den übrigen Zutaten in einer Schüssel vermischen.

Das passierte Ei mit dem Eierlikör vermischen. Das Öl und den Essig dazugeben und zu einer sämigen Sauce verrühren. Mit Salz und Pfeffer abschmecken, dann über dem Salat verteilen.

Die Friséeblätter auf 4 Tellern verteilen, die Petersilie fein hacken. Den Salat auf den Friséeblättern anrichten und mit der Petersilie bestreuen.

Beilagen: Pumpernickel und Butter.

Friséesalat mit Rührei und Austernpilzen

Zutaten:

3 Scheiben Toastbrot, 2 Knoblauchzehen, 400 g Austernpilze, 3 EL Olivenöl, 3 frische Eier, 4 EL Milch, jodiertes Salz, weißer Pfeffer, 1 EL Butter, 1 kleiner Friséesalat, 50 g Raddicchio, 1 EL Estragon-Senf, 2 EL Weißweinessig, 4 EL Sonnenblumenöl.

Zubereitung:

Das Toastbrot in kleine Würfel schneiden, danach in der heißen Butter goldbraun rösten, dann herausnehmen.

Den Knoblauch durchpressen, die Pilze in kleine Stücke schneiden. Beides in dem heißen Öl anbraten, dann herausnehmen.

Die Eier mit der Milch, etwas Salz und Pfeffer verquirlen. Die Eimasse in der heißen Butter in einer Pfanne stocken lassen. Vom Herd nehmen und in größere Stücke zerteilen.

Den Friséesalat in mundgerechte Stück zerpflücken, den Radicchio in etwa 1 cm breite Streifen schneiden. Die Salate mit den Pilzen und dem Rührei in einer Schüssel vermischen.

Den Senf mit dem Sonnenblumenöl und dem Weißweinessig zu einer Marinade verrühren. Mit Salz und Pfeffer würzen. Die Marinade kurz vor dem Servieren unter den Salat mischen.

Beilage: Laugengebäck.

Rohkostsalat mit Champignons

Zutaten:

je 1 Kopf Römer- und Friséesalat, 150 g Champignons,
1 Bund Radieschen, 1 Apfel, 2 Stiele Bleichsellerie,
1 Fleischtomate, 1 Schalotte, 1 EL Honig,
6 EL Apfelessig, 8 EL Olivenöl, jodiertes Salz, Pfeffer,
3 EL Schnittlauchröllchen, 100 g Weizensprosse.

Zubereitung:

Die Salatblätter verlesen und in mundgerechte Stücke zupfen. Die Champignons in dünne Scheiben schneiden. Die Radieschen, den Apfel und den Sellerie in Stifte schneiden.

Die Tomate mit kochendem Wasser überbrühen, häuten, vierteln, entkernen, dann das Fruchtfleisch klein würfeln. Die Schalotte ebenfalls fein würfeln.

Den Honig mit dem Essig, dem Öl, etwas Salz und Pfeffer zu einer Vinaigrette verrühren.

Alle vorbereiteten Salatzutaten daruntermischen und die Sprosse darüber streuen.

Beilage: Kaisersemmel.

Champignonsalat mit Gurke

Zutaten:

400 g Champignons, jodiertes Salz, 3 EL Weißweinessig, 4 EL Olivenöl, weißer Pfeffer, Zucker, 3 Tomaten, 200 g Salatgurke, 1 Bund Schnittlauch, ½ TL getrockneter Oregano, 4 Salatblätter.

Zubereitung:

Die Champignons in Scheiben schneiden, danach etwa 1 Minute in Salzwasser blanchieren, dann abgießen.

Den Essig, das Öl, etwas Salz, Pfeffer und Zucker verrühren. In einem Topf erhitzen und fast kochend heiß über die Pilze gießen, dann abkühlen lassen.

Die Tomaten mit kochendem Wasser überbrühen, häuten und entkernen. Das Fruchtfleisch in kleine Würfel schneiden. Den Schnittlauch in Röllchen schneiden.

Die Gurke schälen und fein würfeln. Die Pilze mit dem Oregano bestreuen.

Die Tomaten- und Gurkenwürfel, den Schnittlauch und die Pilze in einer Schüssel vermischen. Mit Salz und Pfeffer abschmecken.

Die Salatblätter auf 4 Tellern anrichten und den Salat darauf verteilen.

Beilage: Roggenbrötchen.

Shiitake mit Krabben

Zutaten:

2 Zwiebeln, 5 EL Butter, 400 g Shiitake, 350 g Krabbenfleisch, jodiertes Salz, weißer Pfeffer.

Zubereitung:

Die Zwiebeln fein hacken und in der heißen Butter glasig dünsten.

Die Pilze in Streifen schneiden, dann hinzufügen. Unter Rühren etwa 2 Minuten braten.

Danach das Krabbenfleisch dazugeben und weitere 2 Minuten braten. Mit Salz und Pfeffer abschmecken.

Beilage: Toastbrot.

Champignon-Carpaccio (Rezept auf Seite 86).

Hauptgerichte mit Kulturpilzen

Champignon-Schalotten-Pfanne

Zutaten:

250 g Champignons, 150 g Schalotten, 500 g Rinderfilet, 3 EL Butterschmalz, 1 Lorbeerblatt, 150 ml Weißwein, 2 EL körniger Senf, 3 EL Gemüsebrühe, 4 EL süße Sahne.

Zubereitung:

Die Pilze vierteln, die Schalotten halbieren. Das Rinderfilet in Streifen schneiden. 2 EL Butterschmalz in einer Pfanne erhitzen und die Pilze darin anbraten, bis die Flüssigkeit fast vollständig verdampft ist. Dann die Schalotten hinzufügen, bräunen und das Lorbeerblatt dazugeben. Mit dem Wein ablöschen.

Das restliche Butterschmalz in einer Pfanne erhitzen und die Filetstreifen darin kräftig anbraten.

Den Senf mit der Gemüsebrühe und der Sahne verrühren, unter das Fleisch geben. Die Pilze und die Schalotten ebenfalls darunter mischen, nochmals kurz erhitzen, das Lorbeerblatt entfernen, heiß servieren.

Beilage: Bratkartoffeln oder Reis.

Champignon-Leber-Pfanne Abbildung S. 95

Zutaten:

600 g weiße Champignons, 2 Bund Lauchzwiebeln, 400 g Kirschtomaten, 500 g Hähnchenleber, 100 g Butter, Salbei, jodiertes Salz, weißer Pfeffer, 200 g süße Sahne.

Zubereitung:

Die Champignons gut abtrocknen. Die Zwiebeln und die Tomaten in Ringe schneiden. Die Hähnchenleber in mundgerechte Stücke schneiden.

Die Butter in einer Pfanne erhitzen und die Champignons und die Hähnchenleber darin anbraten. Die Zwiebeln und den Salbei hinzufügen und etwa 2 Minuten mitbraten. Mit Salz und Pfeffer würzen und mit der Sahne ablöschen.

Dann die Tomaten hinzufügen und weitere 2 Minuten schmoren, nochmals abschmecken und in der Pfanne servieren.

Beilage: Stangenweißbrot.

Champignon-Pfanne mit Schinken und Nudeln

Zutaten:

250 g kleine Nudeln, jodiertes Salz, 600 g Champignons, 150 g gekochter Schinken, 4 EL Butter, schwarzer Pfeffer, 200 g geriebener Käse.

Zubereitung:

Die Nudeln nach Packungsvorschrift in Salzwasser garen, dann gut abtropfen lassen.

Die Pilze in dünne Scheiben, den Schinken in Würfel schneiden. Die Butter in einer Pfanne erhitzen und die Schinkenwürfel darin anbraten, die Pilze hinzufügen und etwa 10 Minuten dünsten.

Dann die gegarten Nudeln darunterheben. Mit Salz und Pfeffer abschmecken. Den Käse darüber streuen, die Pfanne zudecken und den Käse bei geringer Hitze schmelzen lassen.

Beilage: Grüner Salat.

Champignon-Leber-Pfanne (Rezept auf Seite 94).

Kartoffel-Pilz-Pfanne

Zutaten:

750 g fest kochende Kartoffeln, 200 g Champignons, 200 g Austernpilze, 150 g Pfifferlinge, 1 Bund Frühlingszwiebeln, 2 Knoblauchzehen, 3 EL Olivenöl, 3 EL Butter, jodiertes Salz, Zitronenpfeffer.

Zubereitung:

Die Kartoffeln in Würfel, die Champignons in dünne Scheiben schneiden. Die Austernpilze und die Pfifferlinge je nach Größe halbieren oder vierteln. Die Frühlingszwiebeln in breite Ringe schneiden, den Knoblauch fein hacken.

Das Öl in einer Pfanne erhitzen und die Zwiebeln darin anbraten, dann herausnehmen. Danach die Kartoffelwürfel in dem Öl unter Wenden bei mittlerer Hitze etwa 10 Minuten braten.

Die Butter, den Knoblauch und die Pilze hinzufügen und weitere 10 Minuten braten. Mit Salz und Zitronenpfeffer würzen.

Die Zwiebelringe dazugeben und kurz erwärmen.

Beilage: Vollkornbrot.

Champignon-Topf mit Klößchen

Zutaten:

4 Möhren, 2 Zucchini, 500 g Champignons, 2 EL Olivenöl, 3 ungebrühte feine Bratwürste, jodiertes Salz, schwarzer Pfeffer, 2 EL gekörnte Gemüsebrühe, 4 Tomaten, Worcestersauce.

Zubereitung:

Die Möhren in Scheiben schneiden, die Zucchini klein schneiden. Die Champignons je nach Größe halbieren oder vierteln. Das Öl in einem Topf erhitzen. Die Bratwurstfüllung in kleinen Klößchen aus der Hülle direkt ins heiße Fett drücken. Bei mittlerer Hitze rundum braun braten. Dann die Klößchen herausnehmen und beiseite stellen.

Die Pilze, die Möhren und die Zucchini in dem Bratfett anbraten. Etwas Thymian dazugeben und kurz mitdünsten, mit Salz und Pfeffer würzen.

Danach mit 1 l Wasser ablöschen und aufkochen lassen. Die Brühe hineinstreuen und auflösen, alles zugedeckt etwa 15 Minuten köcheln lassen.

Die Tomaten in Spalten schneiden, zusammen mit den Bratklößchen etwa 5 Minuten vor Ende der Garzeit in den Topf geben und erhitzen. Mit Pfeffer und einigen Spritzern Worcestersauce pikant abschmecken.

Beilage: herzhaftes Bauernbrot.

Pilzpfanne mit Knoblauch und Sherry Abbildung S. 98

Zutaten:

300 g Austernpilze, 500 g Champignons, 2 EL Olivenöl, 5 Knoblauchzehen, 200 ml Sherry, 5 EL Crème fraîche, jodiertes Salz, schwarzer Pfeffer, Cayennepfeffer, 1 EL Sherryessig, 1 Bund Petersilie.

Zubereitung:

Die Austernpilze würfeln, die Champignons je nach Größe halbieren oder vierteln. Das Öl in einer Pfanne erhitzen und die Pilze darin bei starker Hitze anbraten.

Den Knoblauch über der Pfanne pressen. Mit dem Sherry ablöschen. Aufkochen lassen, dann die Crème fraîche darunterrühren.

Mit Salz, Pfeffer und 1 Msp. Cayennepfeffer (vorsichtig dosieren!) würzen und bei geringer Hitze etwa 10 Minuten schmoren lassen.

Mit dem Sherryessig abschmecken. Die Petersilie fein hacken und darüberstreuen.

Beilagen: Fleisch- und Fisch-Tapas.

Pilzpfanne mit Knoblauch und Sherry (Rezept auf Seite 97).

Pilz-Pfanne (Rezept auf Seite 100).

Pilz-Pfanne Abbildung S. 99

Zutaten:

250 g Champignons, 250 g Austernpilze, 250 g Shiitake-Pilze, 2 EL Olivenöl, 50 g durchwachsene Räucherspeckwürfel, 1 Zwiebel, 1 TL Essig-Essenz (25 %), 1 Bund Frühlingszwiebeln, jodiertes Salz, schwarzer Pfeffer.

Zubereitung:

Die Pilze klein schneiden. Das Öl in einer Pfanne erhitzen und die Speckwürfel darin knusprig ausbraten, dann herausnehmen. Die Zwiebel würfeln und in dem Speckfett glasig dünsten und die Essig-Essenz dazugeben.

Die Frühlingszwiebeln schräg in Scheiben schneiden und zusammen mit den Pilzen in die Pfanne geben. Etwa 10 Minuten unter häufigem Wenden braten. Mit Salz und Pfeffer würzen und mit den Speckwürfeln bestreut servieren.

Beilage: Pellkartoffeln.

Champignon-Eierfrikassee

Zutaten:

300 g frische Champignons, 250 ml Milch, 1 Zwiebel, 2 EL Butter, 2 EL Mehl, 250 ml Brühe, 2 EL Zitronensaft jodiertes Salz, schwarzer Pfeffer, 5 hart gekochte Eier, 300 g gegarte Spargelspitzen. 1 EL Petersilie.

Zubereitung:

Von den Champignons die Stiele herausdrehen. Danach in der Milch etwa 10 Minuten garen, dann herausnehmen.

Die Zwiebel fein hacken und in der heißen Butter andünsten, mit dem Mehl bestäuben. Dann die Milch und die Brühe angießen. Mit dem Zitronensaft, etwas Salz und Pfeffer abschmecken und dicklich einkochen lassen.

Die Eier pellen und fein hacken, die Spargelspitzen gut abtropfen lassen. Beides mit den Pilzen in die Sauce geben und erhitzen. Die Petersilie fein hacken und darüberstreuen.

Beilage: Butterreis.

Thüringer Bauernschmaus mit Champignons Abbildung S. 102/103

Zutaten:

400 g Champignons, 600 g grüne Bohnen,
6 Basilikumblätter, 2 Zwiebeln, 1 Knoblauchzehe,
150 g Speck, 1 EL Butter, 125 ml Hühnerbrühe,
schwarzer Pfeffer.

Zubereitung:

Die Champignons und die Bohnen halbieren. Die Basilikumblätter, die Zwiebel und den Knoblauch fein hacken.

Den Speck klein schneiden, dann in der heißen Butter anbraten. Die Zwiebeln und den Knoblauch hinzufügen und andünsten.

Dann die Bohnen dazugeben, die Hühnerbrühe angießen und alles bei geringer Hitze garen, bis die Flüssigkeit fast vollständig eingekocht ist.

Mit Pfeffer würzen, die Champignons hineingeben und mit dem Basilikum bestreuen.

Zugedeckt noch weitere 5 Minuten dünsten.

Beilage: Petersilienkartoffeln.

Champignon-Auflauf mit Kartoffeln

Zutaten:

500 g große Champignons, 1 kg Kartoffeln, 3 Zwiebeln,
1 Bund Petersilie, 125 ml Milch, jodiertes Salz,
2 EL Semmelbrösel, 2 EL Butter.

Zubereitung:

Die Pilze und die Kartoffeln in dünne Scheiben schneiden. Die Zwiebel und die Petersilie fein hacken. Alles zusammen mit der Milch vermischen und salzen.

Dann in eine Auflaufform füllen. Mit den Semmelbröseln bestreuen. Die Butter in Flöckchen darübergeben.

Im vorgeheizten Backofen bei mittlerer Hitze etwa 45 Minuten backen.

Beilage: Salat der Saison.

Salz

Thüringer Bauernschmaus mit Champignons (Rezept auf Seite 101).

Gefüllte Riesenchampignons

Zutaten:

8 Riesen-Champignons, 5 EL Essig-Essenz (25 %), 1 Fleischtomate, 1 Scheibe Toastbrot, 50 g gekochter Schinken, 50 g mittelalter Gouda, 1 frisches Eigelb, 1 EL Kondensmilch, 1 EL gehackte Petersilie, 2 EL gehacktes Basilikum, jodiertes Salz, schwarzer Pfeffer, 4 EL Fleischbrühe, 1 EL Margarine für die Form.

Zubereitung:

Von den Champignons die Stiele herausdrehen und fein hacken. Die Pilzköpfe in Wasser mit 4 EL Essig-Essenz legen, damit sie sich nicht verfärben.

Die Tomate halbieren, entkernen, dann würfeln. Das Weißbrot ohne Rinde zerbröseln. Den Schinken und den Käse sehr fein würfeln.

Die gehackten Champignonstiele, die Tomaten, das Brot, den Schinken und den Käse in einer Schüssel mit dem Eigelb, der Kondensmilch und den Kräutern vermischen. Mit Salz, Pfeffer und der restlichen Essig-Essenz sowie der Fleischbrühe abschmecken.

Die Masse in die Pilzköpfe füllen und diese in eine eingefettete Auflaufform setzen. Zugedeckt im vorgeheizten Backofen bei starker Hitze etwa 25 Minuten garen.

Beilage: Bauernbrot.

Champignon-Auflauf

Zutaten:

je 400 g weiße und braune Champignons, 4 Schalotten, 3 EL Butter, weißer Pfeffer, 6 EL trockener Weißwein, 150 g süße Sahne, 1 EL Himbeeressig, 2 frische Eigelb, 3 EL Crème fraîche.

Zubereitung:

Die Champignons in dünne Scheiben schneiden. Die Schalotten fein würfeln und in der Butter glasig dünsten. Die Champignons hinzufügen, kräftig mit Pfeffer würzen und kurz durchschwenken. Den Wein angießen und bei starker Hitze fast gänzlich einkochen lassen.

Dann die Sahne dazugeben, salzen und einmal aufkochen.

Die Champignons mit einem Schaumlöffel aus der Sahne heben und in eine Auflaufform geben.

Die Sahne bei starker Hitze einkochen lassen. Mit etwas Himbeeressig, Salz und Pfeffer abschmecken, dann über die Champignons gießen.

Die Eigelbe mit der Crème fraîche verquirlen, leicht salzen und ebenfalls über die Pilze gießen.

Das Gratin im vorgeheizten Backofen bei 250 °C etwa 6 Minuten überbacken.

Beilage: feiner Salat nach Wahl.

Gefüllte Frischkäse-Champignons

Abbildung S. 106

Zutaten:

12 große Champignons, 450 g Frischkäse mit Kräutern, 100 g Frühstücksspeck, 100 g frischer Spinat, 2 Knoblauchzehen, 2 EL Olivenöl, ½ TL Paprikapulver, 150 g Jogurt, 2 EL gemischte Kräuter (TK), 2 EL Zitronensaft, schwarzer Pfeffer.

Zubereitung:

Von den Champignons die Stiele herausdrehen. Das untere Ende der Stiele abschneiden, den Rest fein hacken.

Den Frühstücksspeck würfeln, dann in einer Pfanne kross braten. Danach herausnehmen und auf Küchenkrepp abtropfen lassen.

Den Spinat fein hacken. 150 g Frischkäse mit den Champignonstielen, dem Speck, dem Spinat und dem durchgepressten Knoblauch vermengen. Diese Masse in die Champignonköpfe füllen.

Die Champignons in eine Auflaufform setzen und das Olivenöl darüberträufeln. Im vorgeheizten Backofen bei 200 °C etwa 15 Minuten überbacken. Danach mit etwas Paprikapulver bestäuben.

Den restlichen Frischkäse mit dem Jogurt und den aufgetauten Kräutern vermischen. Diese Sauce mit dem Zitronensaft und Pfeffer abschmecken und zu den Champignons reichen.

Beilage: Pellkartöffelchen.

Gefüllte Frischkäse-Champignons (Rezept auf Seite 105).

Versunkene Champignons (Rezept auf Seite 108).

Versunkene Champignons

Abbildung S. 107

Zutaten:

450 g Blätterteig, 10 große Champignons, 2 Knoblauchzehen, 50 g durchwachsener Speck, 150 g Spinat, 1 EL Butter, 150 g Crème fraîche, jodiertes Salz, schwarzer Pfeffer, 1 frisches Eigelb, 150 g geriebener Emmentaler.

Zubereitung:

Den Blätterteig auftauen lassen. Von den Champignons die Stiele herausdrehen und in Scheiben schneiden. Den Knoblauch zerdrücken, den Speck würfeln und den Spinat gut abtropfen lassen.

Die Butter in einer Pfanne erhitzen und den Knoblauch, die Speckwürfel und die Champignonstiele darin andünsten. Den Spinat und die Crème fraîche hinzufügen, mit Salz und Pfeffer pikant abschmecken.

Die Masse in die Champignonköpfe füllen und jeweils 1 Champignon auf 1 Blätterteigquadrat setzen. Die gegenüberliegenden Enden zusammenklappen und fest andrücken. Das Eigelb verquirlen und daraufstreichen.

Im vorgeheizten Backofen bei 200 °C etwa 30 Minuten backen. Etwa 10 Minuten vor Backzeitende den Käse darüberstreuen.

Beilage: feiner Salat nach Wahl.

Überbackener Blattspinat mit Champignons

Zutaten:

1 kg Blattspinat, 500 g Champignons, 1 Zwiebel, 1 Knoblauchzehe, 4 EL Butter, jodiertes Salz, schwarzer Pfeffer, 1 Msp. geriebene Muskatnuss, 120 g süße Sahne, 1 frisches Ei, 1 frisches Eigelb.

Zubereitung:

Den Spinat verlesen und waschen. Tropfnass in einen Topf geben und zugedeckt bei geringer Hitze zusammenfallen lassen.

Die Pilze in dünne Scheiben schneiden. Die Zwiebel und den Knoblauch fein hacken und in der Butter glasig dünsten.

Die Pilze hinzufügen und etwa 2 Minuten mitdünsten. Alles mit dem Spinat vermischen und mit Salz, Pfeffer und Muskat abschmecken. Dann das Ganze in eine gefettete Auflaufform geben.

Die Sahne mit dem Ei und dem Eigelb verrühren, über den Spinat gießen und im vorgeheizten Backofen bei 225 °C etwa 20 Minuten überbacken.

Beilage: knuspriges Baguette.

Champignons mit Krabben gefüllt und mit Hollandaise überbacken

Abbildung S. 110/111

Zutaten:

12 große Champignons, 2 Schalotten, 3 EL Butter, jodiertes Salz, weißer Pfeffer, 125 g Nordseekrabbenfleisch, 2 EL Zitronensaft, 1 Scheibe Toastbrot, 2 frische Eigelb, 150 ml Sauce à la Hollandaise (FP), 2 EL gehackter Dill, einige Zitronenspalten.

Zubereitung:

Von den Champignons die Stiele herausdrehen und fein hacken. Die Schalotten in feine Würfel schneiden. Die Butter in einer Pfanne erhitzen und die Champignonköpfe darin etwa 3 Minuten braten.

Mit Salz und Pfeffer würzen, dann herausnehmen. Danach die gehackten Pilzstiele und die Schalotten in der heißen Pfanne goldbraun dünsten, salzen und pfeffern, dann abkühlen lassen.

Die Krabben mit dem Zitronensaft beträufeln, kurz ziehen lassen. Von dem Toastbrot die Rinde abschneiden, dann das Toastbrot zerbröseln.

Die Krabben mit der gehackten Champignonfarce, dem Toastbrot und den Eigelben vermengen. Diese Mischung in die Champignonköpfe verteilen und leicht andrücken.

Jeweils 3 Champignons in eine eingefettete Auflaufform setzen, mit der Sauce Hollandaise übergießen und unter dem Grill des Backofens etwa 2 Minuten überbacken.

Mit Dill und Zitronenspalten garniert servieren.

Champignons mit Krabben gefüllt (Rezept auf Seite 109).

Überbackene Champignons

Zutaten:

500 g Champignons, 1 Zwiebel, 2 EL Butter, 1 Bund Petersilie, jodiertes Salz, schwarzer Pfeffer, 4 frische Eier, 100 g geriebener Emmentaler, 1 EL Margarine für die Form.

Zubereitung:

Die Champignons, die Zwiebel und die Petersilie fein hacken. Danach die Zwiebel in der Butter glasig dünsten, die Pilze hinzufügen und mitdünsten, bis die Flüssigkeit fast vollständig verdampft ist. Mit Salz und Pfeffer würzen.

Die Eier trennen. Die Eiweiße zu steifem Schnee schlagen, die Petersilie fein gehackt, Salz und Pfeffer und 6 EL Käse daruntermischen. Diese Masse unter die Pilzmasse mischen.

4 kleine feuerfeste Förmchen mit der Butter ausstreichen und die Pilzmasse hineinfüllen. In die Mitte jeweils 1 Eigelb setzen und mit dem restlichen Käse bestreuen.

Im vorgeheizten Backofen bei 220 °C etwa 20 Minuten überbacken.

Beilagen: Kastenweißbrot und Salat.

Kräuterroastbeef mit Champignons

Zutaten:

1 kg Roastbeef, 2 EL Olivenöl, jodiertes Salz, weißer Pfeffer, je 1 Bund Dill, Petersilie und Schnittlauch, Thymian, Basilikum, 7 EL Butter, 2 EL Semmelbrösel, 350 g Champignons.

Zubereitung:

Das Roastbeef von Fett und Sehnen befreien. Danach mit Salz, Pfeffer und dem Öl einreiben. In eine Fettpfanne legen und im vorgeheizten Backofen bei 200 °C in etwa 40 Minuten garen.

Die Kräuter fein hacken, mit 5 EL Butter und den Semmelbröseln vermengen. Etwa 10 Minuten vor Garzeitende auf dem Roastbeef verteilen. 1 EL der Kräutermischung beiseite stellen.

Die Champignons je nach Größe vierteln und in der restlichen Butter goldbraun dünsten. Die restliche Kräutermischung dazugeben, dann mit Salz und Pfeffer würzen.

Das Roastbeef aus dem Ofen nehmen und in Alufolie gewickelt etwa 10 Minuten ruhen lassen.

In Scheiben geschnitten mit den Champignons auf einer vorgewärmten Platte anrichten.

Beilage: geröstete Pellkartöffelchen.

Putengulasch mit ganzen Champignons Abbildung S. 114/115

Zutaten:

500 g Putenfleisch, 300 g Champignons, 2 Stangen Porree, 500 ml Hühnerbrühe, 125 ml trockener Weißwein, 4 EL Butter, 300 g Crème double, jodiertes Salz, schwarzer Pfeffer, 1 EL Speisestärke, 2 EL gehacktes Basilikum.

Zubereitung:

Das Putenfleisch in mundgerechte Stücke schneiden. Die Champignons trocken abreiben, den Porree in Ringe schneiden. Die Hühnerbrühe mit dem Weißwein in einem Topf bis auf die Hälfte einkochen lassen.

Die Butter in einer Pfanne erhitzen und das Putenfleisch darin rundum kräftig anbraten. Mit Salz und Pfeffer würzen, dann herausnehmen und warm stellen.

Die Champignons in dem Bratfett anbraten, herausnehmen und ebenfalls warm stellen. Den Bratensatz mit dem eingekochten Fond ablöschen. Die Crème double, das Fleisch, die Champignons und den Porree hineingeben und aufkochen lassen. Nochmals mit Salz und Pfeffer abschmecken.

Die Speisestärke mit etwas Wasser verrühren und die Sauce damit binden. Das Basilikum darunterrühren, dann heiß servieren.

Beilage: Langkornreis.

Putengulasch mit Champignons (Rezept auf Seite 113).

Marinierte Champignons mit Rosmarin

Zutaten:

1 kg Champignons, 2 kleine Chilischoten, 4 Knoblauchzehen, 1 Zweig Rosmarin, 1 EL grüne Pfefferkörner, 4 EL Essig-Essenz (25 %), jodiertes Salz, 125 ml Olivenöl.

Zubereitung:

Die Pilze halbieren. Die Chilischoten und den Knoblauch in Scheiben schneiden. Die Pilze in einem Topf mit 250 ml Wasser, den Chilischeiben, dem Knoblauch, dem Rosmarin, den Pfefferkörnern, 3 EL Essig-Essenz und etwas Salz aufkochen.

Die Pilze in diesem Sud garen.

Den Topf vom Herd nehmen, das Öl dazugießen und abkühlen lassen. Dann mit der restlichen Essig-Essenz nachwürzen.

Vor dem Servieren etwa 12 Stunden ziehen lassen.

Beilage: frisches Landbrot.

Champignon-Mousse

Zutaten:

500 g Champignons, 3 EL Sonnenblumenöl, 4 EL Zitronensaft, 250 ml Milch, 2 Schalotten, 1 Gewürznelke, 1 TL Petersilie, 3 EL Mehl, 1 EL Crème fraîche, schwarzer Pfeffer.

Zubereitung:

Die Champignons in Stücke schneiden, dann fein pürieren. Das Püree in 1 EL Öl so lange braten, bis die Flüssigkeit fast vollständig verdampft ist. Dann mit dem Zitronensaft beträufeln.

Die Schalotten, das Nelkenblatt und die Petersilie fein hacken. Alles in dem restlichen Öl anbräunen, mit dem Mehl bestäuben. Die Milch tropfenweise dazugießen.

Die Crème fraîche, etwas Pfeffer und die Pilzmasse daruntermischen und etwas erwärmen.

Beilage: Basmatireis.

Rotbarbenfilet auf Champignon-Tomaten-Gemüse

Abbildung S. 118/119

Zutaten:

250 g Champignons, 100 g Kirschtomaten, 4 Tomaten, 1 Bund Frühlingszwiebeln, 6 EL Butter, 1 Knoblauchzehe, jodiertes Salz, weißer Pfeffer, 8 Rotbarbenfilets (je 100 g), 2 EL Zitronensaft.

Zubereitung:

Die Pilze je nach Größe vierteln oder halbieren. Die Kirschtomaten und die Tomaten kurz mit kochendem Wasser überbrühen und häuten. Die Tomaten vierteln und entkernen. Die Zwiebeln in Spalten schneiden. 3 EL Butter in einem Topf erhitzen und die Champignons mit der zerdrückten Knoblauchzehe darin anschwitzen. Die Zwiebeln hinzufügen und kurz mitdünsten.

Danach die Kirschtomaten und die Tomatenviertel dazugeben, kräftig mit Salz und Pfeffer würzen und einige Minuten weiterdünsten lassen.

Die Fischfilets mit dem Zitronensaft beträufeln, salzen und pfeffern und in der restlichen Butter etwa 5 Minuten braten.

Die Fischfilets mit dem Gemüse umlegt anrichten.

Beilage: Petersilienkartoffeln.

Rotbarbenfilet auf Champignongemüse (Rezept auf Seite 117).

Champignon-Forelle

Zutaten:

2 EL Fischgewürz (FP), jodiertes Salz, 500 ml trockener Weißwein, 250 ml Weißweinessig, 4 küchenfertige Forellen (je 300 g), 500 g Champignons, 1 Zwiebel, 5 EL Butter, 250 g Erbsen (TK), 100 g Nordseekrabbenfleisch, 3 EL Sherry, 200 g Jogurt-Salat-Creme (FP), weißer Pfeffer, Ingwerpulver, Zucker, 1 TL Zitronensaft.

Zubereitung:

Das Fischgewürz mit etwas Salz, dem Wein, dem Essig und 1 l Wasser etwa 10 Minuten kochen. Die Forellen hineinlegen und bei geringer Hitze in etwa 20 Minuten gar ziehen lassen.

Die Champignons halbieren, die Zwiebel fein hacken. Beides in der heißen Butter glasig dünsten. Die Erbsen hinzufügen und etwa 10 Minuten mitschmoren. Dann die Krabben dazugeben und mit erhitzen.

Den Sherry unter die Jogurt-Salat-Creme rühren. Mit Pfeffer, Ingwer, etwas Zucker und Zitronensaft abschmecken.

Die Forellen abtropfen lassen und mit dem Gemüse umlegt und der Creme auf einer Platte anrichten.

Beilage: Stangenweißbrot.

Mexikanischer Schlemmer-Toast

Abbildung S. 122

Zutaten:

5 EL Essig, 4 frische Eier, 1 Glas Mexikanische Chili-Sauce (FP), 50 g Frühstücksspeck, 250 g kleine Champignons, 1 Zwiebel, 1 EL Butter, jodiertes Salz, schwarzer Pfeffer, ¼ TL Paprikapulver, 2 EL gehackte Petersilie, 4 Scheiben Toastbrot, 2 EL Kräuterbutter.

Zubereitung:

500 ml Wasser mit dem Essig und ½ TL Salz aufkochen. Die Eier aufschlagen und vorsichtig in das Wasser gleiten lassen. In etwa 8 Minuten gar ziehen lassen.

Die Fertigsauce unter Rühren erhitzen.

Den Frühstücksspeck kross braten und warm stellen.

Die Champignons gut abtrocknen, die Zwiebel würfeln. Beides in der heißen Butter andünsten, mit Salz, Pfeffer und Paprikapulver würzen, die Petersilie fein darüberstreuen.

Die Toastbrotscheiben toasten und mit der Kräuterbutter bestreichen. Die pochierten Eier auf die Brotscheiben legen, die Sauce darübergeben und mit den Champignons und dem Speck auf Tellern anrichten.

Beilage: eingelegtes Gemüse.

Italienischer Pilzsalat

Abbildung S. 123

Zutaten:

600 g Champignons, 1 rote Paprikaschote, 8 EL Zitronensaft, jodiertes Salz, weißer Pfeffer, 1 Lorbeerblatt, 100 ml Olivenöl, 2 EL Balsamicoessig, 2 TL italienische Kräuter (TK), 2 TL italienische Würzmischung (FP), 1 Knoblauchzehe, 8 Scheiben Baguette, ½ Tube Knoblauchpaste, 4 EL geriebener Gouda.

Zubereitung:

1 l Wasser mit 4 EL Zitronensaft und Salz aufkochen. Die Pilze und das Lorbeerblatt darin etwa 5 Minuten kochen lassen. Die Pilze herausnehmen und abtropfen lassen.

Die Paprikaschote in feine Würfel schneiden. Die abgetropften Pilze in dicke Scheiben schneiden und mit den Paprikawürfeln in eine Schüssel geben.

Aus dem Öl, dem Essig und dem restlichen Zitronensaft eine Marinade rühren, dann in die Schüssel gießen. Mit Salz, Pfeffer, den aufgetauten Kräutern und etwas Würzmischung abschmecken.

Den Knoblauch zerdrücken und unter den Salat mischen, diesen etwa 2 Stunden an einem kühlen Ort marinieren lassen.

Die Baguette-Scheiben mit der Knoblauchpaste bestreichen und mit dem Käse und etwas italienischer Würzmischung bestreuen. Im Backofen bei 200 °C etwa 10 Minuten überbacken und zu dem Pilzsalat servieren.

Mexikanischer Schlemmer-Toast (Rezept auf Seite 120).

Italienischer Pilzsalat (Rezept auf Seite 121).

Champignons mit Knoblauch-Majonäse

Zutaten:

3 Knoblauchzehen, 1 frisches Eigelb, 1 EL abgeriebene Zitronenschale, 1 EL Zitronensaft, jodiertes Salz, weißer Pfeffer, Zucker, 150 ml Olivenöl, 8 große Champignons, 2 EL Butter, 2 EL Weißweinessig, 1 kleiner Friséesalat, 2 Tomaten.

Zubereitung:

Den Knoblauch fein hacken. Dann mit dem Eigelb, der Zitronenschale, dem Zitronensaft, etwas Salz und Pfeffer cremig rühren. Das Öl bis auf 2 EL tropfenweise mit einem Schneebesen darunterschlagen.

Von den Pilzen die Stiele herausdrehen und in der Butter etwa 5 Minuten braten. Mit Salz und Pfeffer würzen.

Den Essig mit Salz, Pfeffer und 1 Msp. Zucker verrühren. Das restliche Öl darunterschlagen.

Den Salat in mundgerechte Stücke zupfen. Die Tomaten in kleine Würfel schneiden. Beides mit der Vinaigrette vermischen.

Den Salat auf 4 Teller verteilen. Die Pilze daraufgeben und mit der Knoblauch-Majonäse füllen.

Beilage: Zwiebel-Baguette.

Pilzterrine

(für 8 Personen)

Zutaten:

500 g Champignons, 300 g Austernpilze, 1 Bund Frühlingszwiebeln, 1 Zwiebel, 2 Knoblauchzehen, 200 g Möhren, 1 Kohlrabi, 3 EL Butter, Kräutersalz (FP), jodiertes Salz, weißer Pfeffer, 1 EL Zitronensaft, 1 Bund Majoran, 5 frische Eier, 100 g geriebener Emmentaler, 4 EL Paniermehl.

Zubereitung:

Die Champignons bis auf 10 Stück in dünne Scheiben schneiden. Die Austernpilze in sehr feine Streifen schneiden. Die Zwiebeln hacken, die Möhren und den Kohlrabi raspeln.

Die Butter in einem Topf erhitzen und die Pilze mit dem Gemüse darin andünsten. Mit Salz, Pfeffer und dem Zitronensaft würzen.

Den Majoran hacken, dann mit den Eiern, dem Käse, den Semmelbröseln unter die Pilzmasse heben. Die Masse in eine Terrinenform füllen und die restlichen Champignons darauf verteilen.

Die Form verschließen und auf ein Rost des Backofens stellen. Im vorgeheizten Backofen bei 200 °C etwa 1 Stunde garen. Danach abkühlen lassen und aus der Form auf eine Platte stürzen.

Beilagen: Kastenweißbrot und Butter.

Pilze auf Linsenrisotto

Zutaten:

1 Zwiebel, 1 Knoblauchzehe, 2 EL Olivenöl, 150 g Langkornreis, 600 ml Gemüsebrühe, 50 ml trockener Weißwein, 150 g schwarze Linsen, 200 g Austernpilze, 150 g Champignons, 50 g durchwachsener Speck, jodiertes Salz, schwarzer Pfeffer, Paprikapulver, 1 Bund Petersilie.

Zubereitung:

Die Zwiebel und den Knoblauch fein würfeln und in dem heißen Öl in einer Pfanne andünsten. Die Brühe und den Wein angießen und aufkochen.

Dann die Linsen und den Reis dazugeben und etwa 15 Minuten mitkochen.

Die Champignons in Scheiben schneiden, die Austernpilze in Streifen schneiden. Den Speck würfeln und in einer Pfanne auslassen. Die Pilze darin braten.

Mit Salz, Pfeffer und Paprika würzen. Dann unter die Reis-Linsen-Mischung heben.

Die Petersilie fein hacken und darüberstreuen.

Beilage: Tomatensalat.

Champignonragout

Zutaten:

450 g Champignons, 500 g Fleischwurst, 3 Zwiebeln, 2 EL Butter, 400 g saure Sahne, jodiertes Salz, schwarzer Pfeffer, 1 EL Senf, Zucker, 1 EL gehackte Petersilie.

Zubereitung:

Die Champignons in dünne Scheiben schneiden. Die Wurst in schmale Streifen, die Zwiebeln in kleine Würfel schneiden. Die Wurst mit Zwiebeln in der heißen Butter anbraten.

Die Champignons hinzufügen und 10 Minuten mitdünsten lassen. Dann die Sahne daruntermischen und mit Salz, Pfeffer, dem Senf und etwas Zucker abschmecken.

Mit der Petersilie bestreut servieren.

Beilage: Würzreis.

Marinierte Austernpilze und Zucchini Abbildung S. 127

Zutaten:

2 Zucchini, 500 g Austernpilze, 2 Chilischoten, 2 Lorbeerblätter, 125 ml Olivenöl, 4 EL Essig-Essenz (25 %), schwarzer Pfeffer.

Zubereitung:

Die Zucchini jeweils in 3 Stücke teilen und diese der Länge nach in etwa 1 cm dicke Scheiben schneiden. Die Austernpilze klein schneiden.

Die Chilischoten und die Lorbeerblätter zerkleinern und in 3 EL heißem Öl erhitzen. Die Zucchini und die Pilze hinzufügen und etwa 5 Minuten dünsten. Aus der Pfanne in eine Schüssel geben.

Das restliche Öl mit der Essig-Essenz und etwas Pfeffer zu dem Bratfett geben und erhitzen, das Gemüse damit begießen und etwa 1 Stunde ziehen lassen.

Beilage: frisches Landbrot.

Marinierte Austernpilze und Zucchini (Rezept auf Seite 126).

Pilzragout

Zutaten:

1 Zwiebel, 2 EL Butter, 600 g Champignons, 300 g Austernpilze, 3 Knoblauchzehen, 125 ml trockener Weißwein, jodiertes Salz, schwarzer Pfeffer, 1 Msp. gemahlener Kümmel, 250 g süße Sahne, 2 EL gehackte Petersilie.

Zubereitung:

Die Zwiebel fein hacken und in der heißen Butter glasig dünsten. Die Champignons in Scheiben, die Austernpilze in Streifen schneiden. Beides in die Pfanne geben und etwa 10 Minuten mitbraten.

Den Knoblauch über der Pfanne auspressen. Den Wein angießen, mit Salz, Pfeffer und etwas Kümmel abschmecken. Die Sahne dazugießen, kurz aufkochen und weitere 10 Minuten bei geringer Hitze köcheln lassen.

Mit Petersilie bestreut servieren.

Beilage: Sesamknödel.

Putengeschnetzeltes mit Shiitake und Bananen

Zutaten:

300 g Shiitake, 1 Zwiebel, 9 EL Butter, 300 g Putenbrust, 2 EL Sojasauce, 2 Bananen, weißer Pfeffer, jodiertes Salz, 1 TL Currypulver, 200 g süße Sahne, 1 TL Sherry.

Zubereitung:

Die Pilze in Stücke schneiden, die Zwiebel fein hacken.
3 EL Butter in einer Pfanne erhitzen und die Zwiebel darin glasig dünsten. Die Pilze hinzufügen und etwa 5 Minuten mitbraten. Danach herausnehmen und auf einer vorgewärmten Platte warm halten.

Das Putenfleisch in Streifen schneiden und in 3 EL Butter braun braten. Mit der Sojasauce und etwas Pfeffer würzen.

Die Bananen der Länge nach in Scheiben schneiden und in der restlichen Butter etwa 2 Minuten braten. Mit Salz, Pfeffer und dem Curry würzen. Vorsichtig herausnehmen und die Platte damit garnieren. Weiterhin warm halten.

Den Bratensatz mit der Hälfte der Sahne loskochen, dann etwas einkochen lassen. Die restliche Sahne unter Rühren dazugeben. Mit den Gewürzen und dem Sherry abschmecken. Die Sauce über den Pilzen und dem Fleisch verteilen.

Beilagen: Reis und Salat nach Wahl.

Austernpilzragout Abbildung S. 131

Zutaten:

400 g Austernpilze, 1 rote Paprikaschote, 1 Stange Porree, 3 EL Butter, 125 ml Gemüsebrühe, 150 g Erbsen (TK), 125 g Crème double, 1 TL Essig-Essenz (25 %), jodiertes Salz, schwarzer Pfeffer, 8 Schweinefiletsteaks (je 80 g), 8 Scheiben Frühstücksspeck, 2 EL Olivenöl, 2 EL gehackte Petersilie.

Zubereitung:

Die Austernpilze klein schneiden. Die Paprikaschote halbieren, die weißen Häute und Kerne entfernen, dann in schmale Streifen schneiden. Den Porree in Ringe schneiden.

Die Butter in einer Pfanne erhitzen und die Pilze darin anbraten, dann herausnehmen.

Das Gemüse in dem heißen Fett andünsten, mit der Brühe ablöschen. Die Crème double darunterrühren, dann die Pilze und die Erbsen hineingeben. Mit der Essig-Essenz, Salz und Pfeffer abschmecken.

Die Schweinefilets mit dem Speck umwickeln und mit Holzstäbchen feststecken. Das Öl in einer zweiten Pfanne erhitzen und die Steaks darin etwa 3 Minuten je Seite braten. Mit Salz und Pfeffer würzen.

Jeweils 2 Steaks und etwas Austernpilzgemüse auf 4 Tellern anrichten. Mit der Petersilie bestreut heiß servieren.

Beilage: Kartoffelpüree.

Austernpilze mit Knoblauchbutter

Zutaten:

6 EL Butter, 500 g Austernpilze, je 2 EL Petersilie und Schnittlauch, beides gehackt, 1 TL Zitronensaft, 2 Knoblauchzehen, jodiertes Salz, schwarzer Pfeffer.

Zubereitung:

Eine Auflaufform mit 1 EL Butter ausstreichen und die geputzten Pilze hineinsetzen.

Die restliche Butter mit der Petersilie, dem Schnittlauch, etwas Zitronensaft, den zerdrückten Knoblauchzehen und Salz und Pfeffer vermischen.

Die Knoblauchbutter über den Pilzen verteilen und im vorgeheizten Backofen bei 250 °C etwa 10 Minuten überbacken, dann heiß servieren.

Beilage: Toastbrot.

Pilzschnitzel

Zutaten:

500 g Austernpilze, 2 EL Butter, 1 kleine Zwiebel, ½ Bund Petersilie, 2 frische Eier, 2 EL Paniermehl, jodiertes Salz, schwarzer Pfeffer, 4 EL Sonnenblumenöl.

Zubereitung:

Die Pilze in Stücke schneiden und in der Butter braten, bis die Flüssigkeit fast vollständig verdampft ist, dann herausnehmen und abkühlen lassen.

Die Zwiebel achteln und zusammen mit den Pilzen durch die feine Scheibe eines Fleischwolfes drehen.

Die Petersilie fein hacken. Mit den Eiern und dem Paniermehl unter das Pilzhack mischen. Mit Salz und Pfeffer würzen.

Die Masse zu kleinen flachen Schnitzeln formen und diese in dem heißen Öl in einer Pfanne auf beiden Seiten knusprig braten.

Beilagen: gebackene Kartoffeln mit Kräuterquark.

Austernpilzragout (Rezept auf Seite 129).

Austernpilze auf italienische Art

Zutaten:

50 g Räucherspeck, 1 Zwiebel, 200 g Austernpilze, 3 EL Fleischbrühe, 1 EL Weißweinessig, jodiertes Salz, Zucker, je ½ Bund Petersilie und Schnittlauch.

Zubereitung:

Den Speck und die Zwiebel in feine Würfel schneiden. Die Pilze in Streifen schneiden.

Den Speck in einer Pfanne auslassen, dann die Zwiebelwürfel hinzufügen und glasig dünsten.

Die Pilze dazugeben und etwa 10 Minuten bei mittlerer Hitze dünsten. Die Fleischbrühe angießen. Mit dem Essig, etwas Salz und Zucker abschmecken. Unter Rühren etwas einkochen lassen.

Die Petersilie und den Schnittlauch fein hacken und daruntermischen.

Beilage: Spagetti oder Makkaroni.

Austernpilze nach Schweizer Art

Zutaten:

1 kleine Zwiebel, 500 g Austernpilze, 1 EL Butter, 2 EL Mehl, 400 ml trockener Weißwein, 200 ml kräftige Fleischbrühe, 1 Msp. gemahlener Kümmel, ¼ TL Paprikapulver, 5 EL saure Sahne.

Zubereitung:

Die Zwiebel fein hacken, die Pilze in Streifen schneiden. Beides in der heißen Butter in einer Pfanne dünsten. Danach mit dem Mehl bestäuben. Den Weißwein und die Brühe angießen und etwa 10 Minuten köcheln lassen.

Mit Kümmel und Paprika würzen. Kurz vor dem Servieren die Sahne darunterrühren.

Beilage: Rösti.

Austernpilze auf ungarische Art

Zutaten:
2 große Zwiebeln, 500 g Austernpilze,
2 EL Schweineschmalz, ¼ TL Paprikapulver,
150 g Crème fraîche, jodiertes Salz.

Zubereitung:

Die Zwiebeln in feine Würfel schneiden, die Pilze in mundgerechte Stücke schneiden.

Das Schweineschmalz in einer Pfanne erhitzen und die Zwiebeln darin glasig dünsten. Mit dem Paprikapulver bestäuben. Die Pilze in die Pfanne geben und in etwa 10 Minuten gar dünsten.

Die Crème fraîche und etwas Salz darunterrühren.

Beilage: Salzkartoffeln oder gebackene Kartoffeln.

Vollkornspagetti mit Champignon-Käse-Sauce Abbildung S. 134/135

Zutaten:
500 g Vollkornspagetti, jodiertes Salz,
200 g Champignons, 1 Zwiebel, 100 g Kirschtomaten,
2 EL Butter, 200 g süße Sahne, 150 g Frischkäse mit Kräutern, weißer Pfeffer, 3 EL gehacktes Basilikum,
2 EL geriebener Parmesan.

Zubereitung:

Die Nudeln nach Packungsvorschrift in Salzwasser garen.

Die Champignons in dünne Scheiben schneiden. Die Zwiebel würfeln, die Tomaten vierteln.

Die Butter in einem Topf erhitzen und die Zwiebelwürfel und die Champignons darin andünsten. Mit der Sahne ablöschen und mit Salz und Pfeffer würzen. Dann die Tomaten hinzufügen. Das Basilikum in Streifen schneiden.

Die abgegossenen Nudeln auf 4 Tellern anrichten und die Sauce darüber verteilen. Mit dem Basilikum und etwas Parmesan bestreut servieren.

Beilage: Salat der Saison.

Vollkornspagetti mit Champignon-Käse-Sauce (Rezept auf Seite 133).

Pilz-Gemüseauflauf

Zutaten:

250 g Austernpilze, 5 EL Butter, 200 g Erbsen (TK), 200 g gegarte Spargelspitzen, jodiertes Salz, 1 Msp. geriebene Muskatnuss, 1 EL Margarine für die Form, 2 frische Eier, 125 ml süße Sahne, 80 g geriebener Emmentaler.

Zubereitung:

Die Pilze in schmale Streifen schneiden. In der heißen Butter in einer Pfanne etwa 15 Minuten dünsten.

Die Erbsen und Spargelspitzen hinzufügen und mitdünsten. Mit Salz und etwas Muskat würzen, dann in eine eingefettete Auflaufform füllen.

Die Eier mit der Sahne verquirlen und über das Gemüse gießen. Den Käse darüberstreuen.

Im vorgeheizten Backofen bei 225 °C etwa 30 Minuten überbacken.

Beilagen: Pellkartoffeln und Salat nach Wahl.

Reisfleisch mit Austernpilzen

Zutaten:

400 g Schweinefilet, 6 EL Olivenöl, 2 EL Sojasauce, 1 EL Zitronensaft, 200 g Austernpilze, 150 g grüne Bohnen, 2 Frühlingszwiebeln, 200 g Langkornreis, 350 ml Gemüsebrühe, 2 Tomaten, jodiertes Salz, Paprikapulver, Ingwerpulver, Cayennepfeffer.

Zubereitung:

Das Filet in schmale Streifen schneiden. In einer Schüssel mit 1 EL Öl, der Sojasauce und dem Zitronensaft zugedeckt etwa 1 Stunde marinieren lassen.

Die Pilze und die Bohnen in kleine Stücke schneiden. Die Zwiebeln schräg in Ringe schneiden. Das Fleisch aus der Marinade nehmen und abtropfen lassen. Bei starker Hitze in 2 EL Öl in einer Pfanne anbraten, dann herausnehmen.

Das restliche Öl in die Pfanne geben und die Zwiebeln darin dünsten. Herausnehmen und den Reis in der Pfanne anrösten. Die Brühe angießen und zugedeckt etwa 15 Minuten gar ziehen lassen.

Die Tomaten mit kochendem Wasser überbrühen, häuten und entkernen.

Die Pilze und die Bohnen unter den Reis mischen. Mit etwas Salz, Paprikapulver, Ingwer und Cayennepfeffer (vorsichtig dosieren!) würzen. Die Tomaten, die Zwiebeln und das Fleisch darunterheben und nochmals abschmecken.

Beilage: Tomatensalat mit Jogurtsauce.

Bandnudeln mit Austernpilzen

Abbildung S. 139

Zutaten:

400 g Austernpilze, 2 Tomaten, 500 g breite Bandnudeln, jodiertes Salz, 1 EL Butter, 1 Knoblauchzehe, 5 cl trockener Wermut, 5 cl trockener Weißwein, je 1 Bund Petersilie und Schnittlauch, 3 Zweige Thymian, 16 Salbeiblätter, 100 g kalte Butter, 2 EL Crème fraîche.

Zubereitung:

Die Austernpilze entstielen, dann in Streifen schneiden. Die Tomaten mit kochendem Wasser überbrühen, häuten, vierteln, entkernen und dann in Würfel schneiden.

Die Nudeln nach Packungsvorschrift in Salzwasser garen.

Die Butter in einer Pfanne erhitzen und die Pilze darin braten. Die Tomaten hinzufügen und den Knoblauch über der Pfanne pressen, beides kurz mitbraten.

Mit dem Wermut und dem Weißwein ablöschen und auf die Hälfte einkochen lassen.

Die Kräuter fein hacken, mit der kalten Butter in Flöckchen, der Crème fraîche und den Nudeln in die Pfanne geben und daruntermischen. Alles erhitzen und heiß servieren.

Beilage: Salat der Saison.

Austernpilze mit Paprika und Tomaten

Zutaten:

250 g Austernpilze, 2 grüne Paprikaschoten, 2 Fleischtomaten, 2 Zwiebeln, 3 EL Sonnenblumenöl, jodiertes Salz, schwarzer Pfeffer, 1 EL Mehl, 125 ml trockener Weißwein, 250 ml Gemüsebrühe, 1 EL gehackter Kerbel.

Zubereitung:

Die Austernpilze und die Paprikaschoten in Streifen schneiden. Die Tomaten in Scheiben schneiden und die Zwiebeln fein hacken. Alles zusammen in dem heißen Öl in einer Pfanne etwa 10 Minuten schmoren, mit Salz und Pfeffer würzen.

Das Mehl darüberstäuben, den Wein und die Brühe angießen. Alles aufkochen lassen und etwa 5 Minuten bei geringer Hitze köcheln lassen.

Nochmals mit Salz und Pfeffer abschmecken, dann den Kerbel daruntermischen.

Beilage: Fischfilet oder kurz gebratenes Fleisch.

Austernpilze mit Fenchel

Zutaten:

500 g Fenchel, 300 g Austernpilze, 2 EL Butter, 500 ml Gemüsebrühe, 100 g Crème fraîche, schwarzer Pfeffer, 1 EL Speisestärke, 1 Tomate.

Zubereitung:

Den Fenchel in schmale Streifen, die Pilze in mundgerechte Stücke schneiden. Beides in der heißen Butter anbraten. Dann mit der Brühe ablöschen und etwa 10 Minuten kochen.

Danach die Crème fraîche darunterrühren und mit der Speisestärke binden.

Die Tomate in kleine Würfel schneiden und daruntermischen.

Beilage: Vollkornnudeln.

Bandnudeln mit Austernpilzen (Rezept auf Seite 137).

Käsespätzle mit Shiitake

Zutaten:

400 g Mehl, 4 frische Eier, jodiertes Salz, 1 Zwiebel, 5 EL Butter, 5 große Shiitake, weißer Pfeffer, 200 g geriebener Emmentaler, 1 Bund Schnittlauch.

Zubereitung:

Aus dem Mehl, den Eiern, etwas Salz und etwas Wasser einen geschmeidigen Teig bereiten. Den Teig mit einem Spätzlehobel in kochendes Salzwasser schaben. So lange kochen, bis die Spätzle aufschwemmen. Dann herausnehmen und abtropfen lassen.

Die Zwiebel fein hacken und in der heißen Butter glasig dünsten. Die Pilze klein schneiden und hinzufügen. Mit Salz und Pfeffer würzen und etwa 5 Minuten braten.

Danach die Spätzle und den Käse dazugeben und bei geringer Hitze unter Rühren weiterbraten, bis sich der Käse aufgelöst hat. Den Schnittlauch fein hacken und darüberstreuen.

Beilage: feiner Salat.

Champignon-Spinat-Omelett

Zutaten:

8 EL Milch, 2 frische Eier, 100 g Mehl, jodiertes Salz, 500 g Spinat, 200 g Champignons, 2 Zwiebeln, 2 Knoblauchzehen, 2 EL Butter, weißer Pfeffer, 1 Msp. geriebene Muskatnuss, 4 EL Olivenöl, ¼ TL Paprikapulver.

Zubereitung:

Die Milch mit 8 EL Wasser, den Eiern, dem Mehl und etwas Salz zu einem glatten Teig verrühren. Diesen etwa 30 Minuten quellen lassen.

Den Spinat verlesen, die Champignons vierteln. Die Zwiebeln und den Knoblauch fein würfeln, dann in der heißen Butter dünsten. Die Pilze hinzufügen und kurz anbraten. Dann den Spinat dazugeben, alles etwa 5 Minuten dünsten. Mit Salz, Pfeffer und etwas Muskat abschmecken.

Das Öl in einer Pfanne erhitzen und darin nacheinander 4 Omeletts ausbacken.

Die fertigen herausnehmen und warm stellen.

Das Gemüse auf den Omeletts verteilen, mit etwas Paprikapulver bestäuben, dann zusammenklappen.

Beilage: Feldsalat.

Reisrand mit Kasseler-geschnetzeltem und Pilzen

Abbildung S. 142/143

Zutaten:

20 g getrocknete Morcheln, 300 g Langkornreis-Wildreis-Mischung, 2 EL gehackte Petersilie, 4 EL Butter, 1 rote Paprikaschote, 200 g Champignons, 200 g Austernpilze, 1 Bund Frühlingszwiebeln, 600 g Kasselerfleisch, 60 g durchwachsener Speck, 1 Zwiebel, 1 EL Olivenöl, 125 ml Rotwein, 125 ml Bratensaft (FP), jodiertes Salz, schwarzer Pfeffer, 150 g Crème fraîche, Tomaten.

Zubereitung:

Die Morcheln etwa 1 Stunde in 125 ml lauwarmem Wasser einweichen. Den Reis nach Packungsvorschrift garen. Die Petersilie fein hacken, mit der Butter verkneten, dann in 4 kleine Reisrandformen füllen. Fest andrücken und warm stellen.

Die Paprikaschote in Rauten schneiden. Die Champignons und die Austernpilze halbieren, die Frühlingszwiebeln in Ringe schneiden.

Das Kasseler in Würfel und den Speck in Streifen schneiden. Die Zwiebel fein würfeln und zusammen mit dem Speck in dem heißen Öl in einem Topf andünsten. Die Morcheln abtropfen lassen und zusammen mit dem vorbereiteten Gemüse und dem Kasseler zu den Zwiebeln und dem Speck geben.

Den Rotwein und den Bratensaft angießen, den Topf zudecken und das Geschnetzelte etwa 10 Minuten bei geringer Hitze dünsten. Mit Salz und Pfeffer abschmecken und mit der Crème fraîche verfeinern.

Den Reisrand auf Teller stürzen und mit dem Geschnetzelten anrichten. Mit den Tomaten garnieren.

Reisrand mit Kasselergeschnetzeltem und Pilzen (Rezept auf Seite 141).

Kartoffelpuffer mit Champignons

Zutaten:

1 kg mehlig kochende Kartoffeln, 2 Zwiebeln, 200 g Frühstücksspeck, 200 g Champignons, 2 frische Eier, 3 EL Crème fraîche, jodiertes Salz, weißer Pfeffer, 1 Msp. gemahlener Kümmel, 4 EL Olivenöl.

Zubereitung:

Die Kartoffeln reiben und durch ein Sieb abtropfen lassen.

Die Zwiebeln und den Speck fein würfeln. Die Champignons in dünne Scheiben schneiden. Alle Zutaten mit den Eiern und der Crème fraîche verrühren. Mit Salz, Pfeffer und 1 Msp. Kümmel würzen.

Je 1 EL Öl in einer Pfanne erhitzen und 1 EL Teig hineingeben. Die Puffer auf beiden Seiten goldbraun braten. Die fertigen herausnehmen und warm stellen.

Mit der Champignonfarce belegt servieren.

Beilage: gemischter Salat.

Eierkuchen mit Champignons

Zutaten:

5 frische Eier, 500 ml Milch, jodiertes Salz, 250 g Mehl, 400 g Champignons, 200 g Rinderfilet, 1 Zwiebel, 1 Knoblauchzehe, 3 EL Butter, 3 EL Crème double, 1 EL Zitronensaft, schwarzer Pfeffer, 2 EL Petersilie, 3 EL Olivenöl.

Zubereitung:

Aus den Eiern, der Milch, etwas Salz und dem Mehl einen Teig rühren. Diesen etwa 30 Minuten quellen lassen.

Die Pilze in dünne Scheiben, das Fleisch in schmale Streifen schneiden. Die Zwiebel und den Knoblauch fein würfeln und in der heißen Butter glasig dünsten. Das Fleisch hinzufügen und kräftig anbraten. Dann die Pilze, die Crème double, den Zitronensaft, Salz und Pfeffer dazugeben. Alles zusammen dünsten lassen. Die Petersilie fein hacken und daruntermischen.

Das Öl in einer Pfanne erhitzen und darin nacheinander 4 Eierkuchen backen. Die fertigen herausnehmen und warm stellen.

Die Eierkuchen mit den Pilzen belegen, dann zusammenklappen.

Beilage: Salat nach Wahl.

Champignonpuffer mit Kräuterquark

Zutaten:

800 g Champignons, 2 EL Zitronensaft, 1 Zwiebel, 1 Knoblauchzehe, 4 EL Butter, 4 frische Eier, 150 g grobe Haferflocken, 75 g Weizenvollkornmehl, jodiertes Salz, weißer Pfeffer, 1 EL gehackter Kerbel, je 1 Bund Petersilie und Schnittlauch, 250 g Speisequark, 150 g Vollmilchjogurt.

Zubereitung:

10 Pilze in dünne Scheiben schneiden und mit dem Zitronensaft beträufeln. Die restlichen Pilze, die Zwiebel und den Knoblauch fein hacken.

Dann die Zwiebeln und den Knoblauch in 1 EL Butter andünsten. Danach herausnehmen und abkühlen lassen. Die in Scheiben geschnittenen Pilze in dem Fett anbraten.

Die gehackten Pilze mit den Eiern, den Haferflocken, dem Mehl und dem Kerbel verrühren. Mit Salz, Pfeffer abschmecken. Den Teig etwa 10 Minuten quellen lassen.

Die Petersilie und den Schnittlauch fein hacken. Mit dem Jogurt unter den Quark mischen. Mit Salz und Pfeffer abschmecken und kalt stellen.

Die restliche Butter portionsweise in einer Pfanne erhitzen und darin die Puffer ausbacken.

Mit den Pilzscheiben belegen und mit dem Kräuterquark anrichten.

Austernpilze mit Paprika und Tomaten

Zutaten:

500 g Austernpilze, 2 Zwiebeln, 1 Knoblauchzehe, 2 EL Olivenöl, 250 g saure Sahne, 200 g süße Sahne, Kräutersalz (FP), weißer Pfeffer, 1 Bund Thymian.

Zubereitung:

Die Pilzstiele abschneiden, die Pilze in Streifen schneiden. Die Zwiebeln und den Knoblauch fein würfeln und in dem heißen Öl andünsten. Die Pilze hinzufügen und mitdünsten.

Dann die saure und süße Sahne dazugeben und etwas einkochen lassen. Mit Kräutersalz und Pfeffer würzen.

Den Thymian fein hacken und darunterrühren.

Beilage: Nudeln nach Wahl.

Penne mit Rahmchampignons

Zutaten:

400 g Penne, jodiertes Salz, 300 g Champignons, 1 Zucchini, 1 Zwiebel, 3 EL Butter, 300 ml Gemüsebrühe, 100 g Gorgonzola, weißer Pfeffer, 4 EL gehackte Petersilie.

Zubereitung:

Die Nudeln nach Packungsvorschrift in Salzwasser garen.

Die Champignons in Scheiben schneiden, die Zucchini der Länge nach halbieren, dann ebenfalls in Scheiben schneiden. Die Zwiebel würfeln und in der heißen Butter anbraten. Das Gemüse angießen und etwa 10 Minuten dünsten. Die Gemüsebrühe hinzufügen und zum Kochen bringen.

Den Gorgonzola in kleine Würfel schneiden, zu dem Gemüse geben und darin schmelzen lassen. Mit Salz und Pfeffer würzen und mit der Petersilie bestreut servieren.

Beilage: Bauernsalat.

Rezeptverzeichnis